運動しない1日1回の足裏ほぐしでスッキリ!

頑張らなくても 勝手にやせる 足指ウォーク

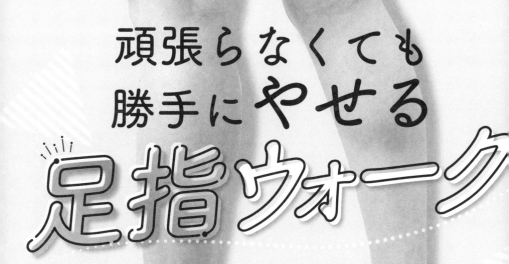

美脚専門パーソナルジム
代表トレーナー
大道 匡彦

今よりも1cmでも脚を細くしたいと思っているあなたへ。

筋トレ、マッサージ、

食事制限ができれば脚やせできる

と思っていませんか？

じつは、脚やせには

筋トレもマッサージも食事制限も

必要ありません。

脚が太くなるいちばんの原因は

あなたが**「地球を踏めていない」**からです。

「地球？」「踏む？」と疑問に思うでしょう。

× 足指が使えていない

× 土踏まずが低くなっている

× かかとに体重が乗せられない

× 呼吸が浅い

× 体が緊張しやすい

× お腹の力が抜けて体幹が不安定

このような原因で地球を踏めず、

姿勢が崩れているのです。

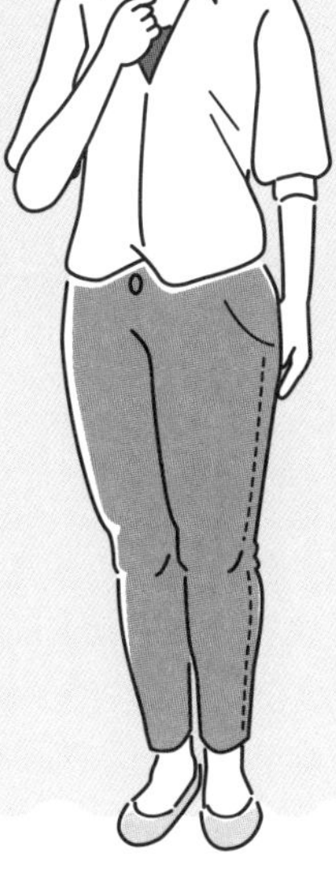

姿勢が崩れることによって、
筋肉の張りや緊張、むくみが起こり、
下半身太りに繋がります。

「筋トレをしなきゃ」
「マッサージでむくみを解消しよう」
「食事制限をすればやせる」

これは、足、体幹、呼吸などの整え方を
教わっていないための勘違いです。

足から体を整えて
「地球を踏む」動作を練習し
「足指ウォーク」を習得すれば、
脚がスッキリして、
あなた本来の美脚に
生まれ変わります！

「歩き方」が変われば、誰でも理想の美脚になれる

「脚を細くするには何をしたらよいですか?」
2019年から美脚専門トレーナーとして活動している私が、最も多く聞かれる質問です。

この答えを見つけるため、食事制限によるダイエット、筋トレやストレッチ、マッサージなど、さまざまなアプローチを行ってきました。
そして、誰でも確実に下半身太りを解消し、理想の美脚を手に入れる方法にたどり着きました。

それは、「日常動作の改善」。
特に「歩き方の改善」です。

脚やせで悩んでいる女性には共通点があり、

お腹の力が抜けていて、足で地面を踏めていないため、
常に不安定な姿勢で生活しています。

不安定な姿勢でいると、体の余計な緊張により、
立ったり歩いたりするだけで不必要な筋肉がつくだけでなく、
足首や股関節の動きが悪くなることで、むくみやすい体になってしまいます。

この本では、下半身太りを解消するために、自然と安定した立ち姿勢をつくり、
足指が使われる歩き方を習得する姿勢改善メニューをご紹介します。

いちばん重要なのは、「地球を踏む」こと、「地球を押す」こと。
キツイ運動や努力は不要です。

地球を押す歩き方、すなわち「足指ウォーク」が身につけば、
あなたの脚は歩くだけでスッキリして、一生モノの美脚を手に入れることができます。

それではさっそく、「足指ウォーク」のレッスンを始めましょう！

頑張らずにやせたい！ 足指ウォーク Q&A 相談室

Q 私の脚は細くなりますか？

A まずは足首と手首のむくみをチェックしてください

まずは、Introduction の各チェックを行い、「脚やせのポテンシャル」を探しましょう。かんたんなチェック方法としては、自分の手首と足首をそれぞれつまんでみてください（P30）。手首よりも足首の方がつまんだ部分の皮下組織に水っぽい感覚があれば、脚も含めて下半身全体がむくんでいると考えられます。足首の動きを改善し、むくみを解消するためにも、STEP1から足の整えを始めましょう。

Q 疲れる運動はしたくないです！

A 脚やせのためにキツイ運動はしなくてOKです！

カロリー消費や鍛えるなどの目的の運動は不要です。運動で無理をすると、疲労が溜まり、食欲などの抑制が利かなくなって逆効果になってしまうリスクがあります。多くの人のダイエットが続かないのは、運動のしすぎや食事の減らしすぎで疲労をコントロールできていないことが原因（P44）です。

Q 毎日忙しいのですが続けられますか？

A 最低限STEP1は5分やりましょう

私たちの姿勢は日々崩れていくので、朝や寝る前など、最低でも1日に5分はSTEP1の足の整えメニュー、または呼吸改善エクササイズを行いましょう。「今までとは違う自分になる」と覚悟を決めれば行動は変わるはずです。

Q 脚やせ以外にも効果はありますか？

A 慢性的な痛みを防ぐ効果も期待できます

本書のメニューを習得した方から、「腰や肩の不調が減った」というお声をよくいただきます。腹筋の力が抜けていた方は、体幹が安定することで股関節や肩の動きが改善し、快適になっていくことを実感できると思います。

Q 食事制限は必要ですか？

A 食事制限の前に「丁寧な暮らし」を！

食事制限の前に、「丁寧な暮らし」(P44)を心がけましょう。たとえば自炊をする、「ながら食べ」をしない、よく噛んで食べる、胃腸に負担のかかる食べ物を避けるなど、食習慣を変えるだけでも体重が落ちる可能性があります。

Q 中高年でもできますか？

A もちろんです！ 100歳まで歩ける体を目指しましょう！

国土交通省によると、65歳以上で300mを休まずに歩くことができない人は、全体で約25%もいるそうです。体の使い方は何歳からでも変わります。「一生歩ける体」のために、今日から歩き方改善を始めましょう！

やせて美脚になった人が続々！

体験談

体験モニターやパーソナルレッスンを受けた方々にうれしい変化がたくさん！

【Mさん／40代】

トータルの効果

ヒップ	太もも
103cm ➡ 89cm **-14cm!**	62cm ➡ 52cm **-10cm!**

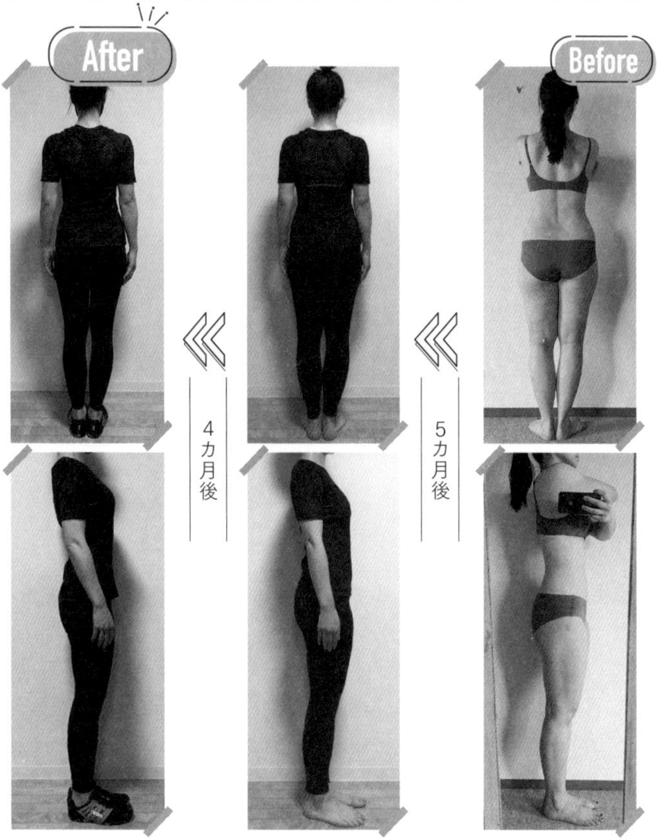

ももの張りが消えてむくみ知らずに！

リバウンドなしで美脚をゲットできました！　足指が自由自在に動くようになり、深い呼吸をして腰の緊張がほどけると「地球を踏む」感覚がつかめるようになりました。それから見る見るうちに前ももと外ももの張りが消え、むくみ知らずになりました。変化を実感するためには、継続が肝心です。疲れた日でも、足指に触れたり、「背中で呼吸する」だけでもいいので、コツコツとケアを試みてください。

【Yさん／40代】

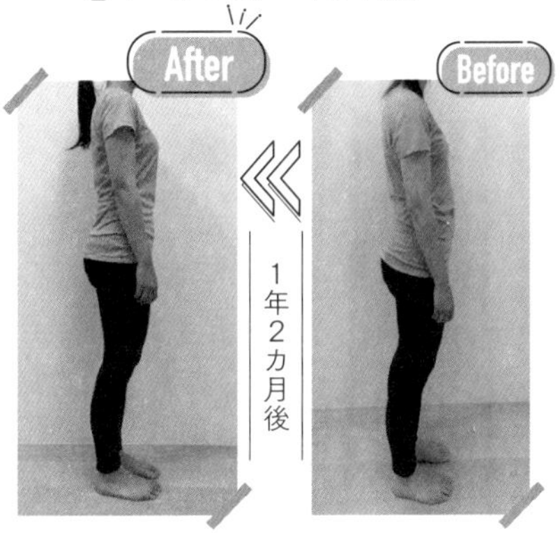
After
Before
1年2カ月後

「体の感覚」がわかって反り腰が改善しました！

体の動かし方と姿勢のチェックや指導をいただき、理想の体の感覚を体験できたのがよかったです。変化を感じたのは約4カ月後から。筋トレは苦手でしたが、少しずつ筋肉の必要性を感じ、楽しめるようになりました。日常のふとしたときに「姿勢が崩れているな」「腰が反っているな」と気づけるようになりました！

【Cさん／30代】

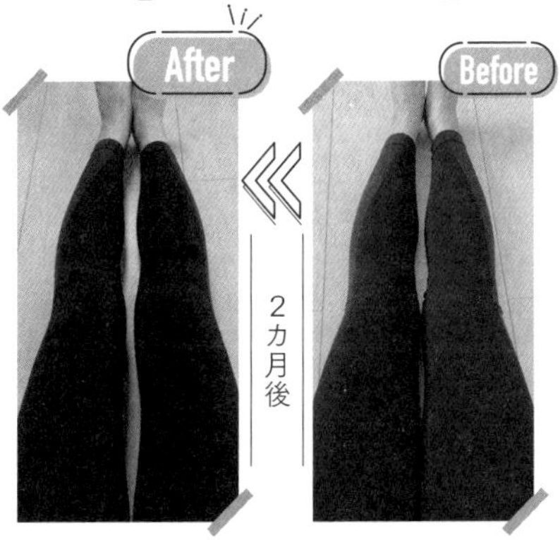
After
Before
2カ月後

足のケアで肩こり腰痛が消滅!?

モニター期間中だったのですが、体重はマイナス1kg、体脂肪率がマイナス2％でした。約1カ月で、「脚が少し細くなってきた？」と感じるようになり、足のケアをしていたのに、なぜか肩こりや腰痛もなくなりました。食事制限や管理はまったくしていなかったので、とてもびっくりしました！

【Kさん／50代】

足の指が伸びてむくみも解消

写真を撮って1年ほどは足指のケアはしていませんでした。パーソナルトレーニングと足指のケアをするようになって9カ月ほど経ち、ふと足の指が伸びたと感じて写真を撮ったら、むくみがなくなり、指も爪も伸びていて驚きました。歩くときに足指が使われるようになったのか、ウオノメもできなくなりました。

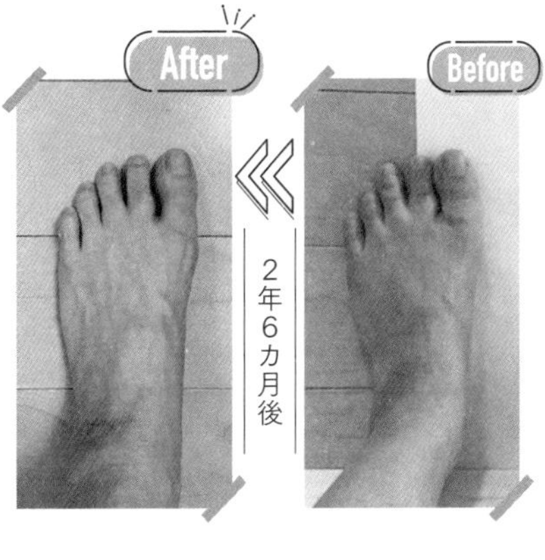
After
Before
2年6カ月後

CONTENTS

STEP3 全身を繋げるメニュー

STEP4 地球を踏むメニュー

STEP5 足指ウォーク

▶ 解説 & 実演動画

QR コードをスマホやタブレットで読み込むと、著者による解説 & 実演動画を見ることができます。
動きの質を高めて効果を出すために、メニューの正確な動作を動画で見ることをおすすめします。

・動画は予告なく内容を変更する場合や、公開を終了することがあります。
・動画の操作方法は端末によって異なります。
・QR コードは株式会社デンソーウェーブの商標登録です。

Introduction

「足指ウォーク」でやせる理由

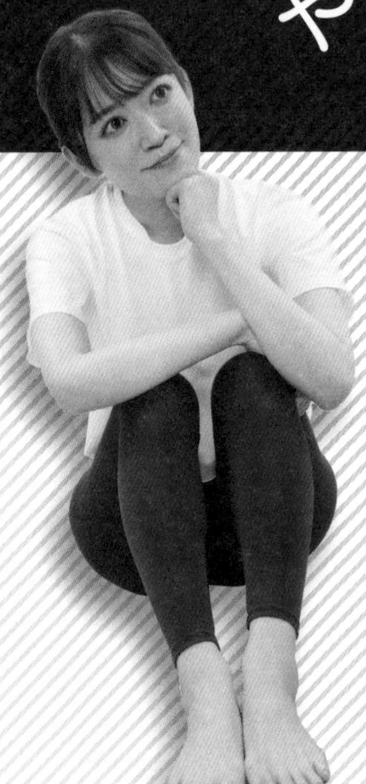

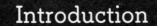

エクササイズを行う前に、まずは自分のコンディションをチェックして、
どのような改善点があるか確認しましょう。

無意識に送っている生活の中には、下半身太りの原因がたくさん潜んでいます。
それらをひとつずつ変えていくことで
無理やストレスなく、自然にやせる生活習慣をつくることができます。

そして、なぜ「地球を踏む」ことが重要なのか、
なぜ正しい呼吸がやせやすい体をつくるのか、などを知ることで
ＳＴＥＰ１以降のメニューに対する理解が深まります。

理解し、練習し、習得する。
この3段階で進むことが重要です。

私と一緒に、一生モノの美脚をつくる第一歩を踏み出しましょう！

「足指ウォーク」でやせる理由

足首とふくらはぎの筋肉を使ってむくみを解消する

下半身太りに悩む女性から、「ふくらはぎが太い」「脚がむくみやすい」「足の冷えを感じる」という声が多く寄せられます。

ふくらはぎは「第二の心臓」と呼ばれ、ポンプ作用によって、下半身に下がった血液を心臓に戻していきます。むくみ解消のために、下半身の筋トレやストレッチが必要と思われがちですが、じつは脚やせにとっては遠回りなのです。

ふくらはぎのポンプ作用に必要なのは、ふくらはぎの筋肉の伸び縮みです。

足首をあまり動かさない「ペタペタ歩き」になっていると、ふくらはぎの筋肉の伸び縮みが起こらないため、血流が滞り、下半身に水分が溜まりやすくなり、むくみとなります。つまり、下半身太りを解消するためには、足首を大きく、そしてたくさん動かすことが重要となります。

足首の動きを取り戻し、ふくらはぎの筋肉が伸び縮みする「足指ウォーク」を身につけることで、むくみが解消されて脚はスッキリします。

筋トレは脚やせに必要？

これまでに筋トレを行ったことがある方は経験があるかもしれませんが、一生懸命に鍛えた筋肉をケアせずに放置すると、張ったまま硬まってしまいます。ふくらはぎや前ももの筋肉が常に張っている人は、日常生活で体重を支えるために、常に筋肉を緊張させる使い方をしている可能性が高いです。この張りを解消するためには、ＳＴＥＰ１の足の整えメニューから始め、最終的に足首や股関節が正しく使われる「足指ウォーク」の歩き方が効果的です。

下半身やせに必要なのは、筋トレや運動ではなく、体を正しく使うための日常動作、歩行動作の改善です。足首や股関節をしっかり使える「足指ウォーク」がマスターできれば、歩くだけで自然と脚は細くなっていきます。

この本で紹介しているメニューには、筋肉を鍛えるための筋トレはひとつもありません。すべての種目はあなたの日常動作、歩行動作をアップデートして、正しい体の使い方を身につけるためのものです。一つひとつ丁寧に行ってください。

脚が太くなる１日のルーティン

＜ Morning ＞

- ☑ 外出のギリギリまで寝ている
- ☑ 起きたときに首や腰にこりや張りを感じる
- ☑ 電車の座席に座ったときに猫背になっている

座り姿勢について
P106 を Check ！

＜ Afternoon & Evening ＞

呼吸について
P41 を Check ！

- ☑ 気づくと口呼吸になっている
- ☑ 椅子の背もたれに寄りかかって座っている
- ☑ ずっと座りっぱなしで仕事をしている

＜ Night ＞

- ☑ お風呂はシャワーだけで済ませる
- ☑ よく夜更かしをする
- ☑ 寝る直前までスマホを使っている

寝る直前について
P44 を Check ！

脚が細くなる１日のルーティン

＜ Morning ＞

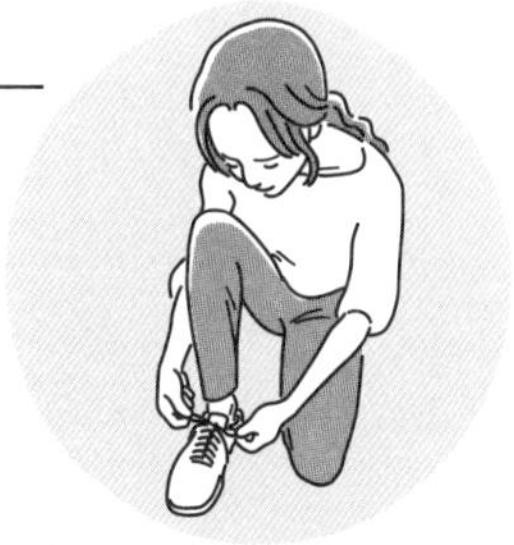

- ☑ 家を出るときは靴ひもを結んで靴を履く
- ☑ 15 分程度の散歩またはジョギングをする
- ☑ 電車の座席に座ったときに、足裏が床について背筋が伸びている

靴について
P120 を Check ！

＜ Afternoon & Evening ＞

座り姿勢について
P106 を Check ！

- ☑ 椅子に座っているときも腹筋が使えている
- ☑ 椅子の座面に「刺さっている」感覚がある
- ☑ こまめに立ち上がり、肩甲骨や股関節を動かしている

＜ Night ＞

- ☑ お風呂は湯船に浸かっている
- ☑ 寝る前に呼吸エクササイズをしている
- ☑ 寝る前はスマホを使わずに過ごしている

呼吸数について
P60 を Check ！

Check 1

生活習慣

下半身太りを解消するには、日々の生活習慣の見直しが重要です。当てはまるものがあるかチェックしてください。

生活習慣チェックリスト

- □ 休日はずっとゴロゴロしている
- □ 毎日のようにヒールを履く
- □ 足先が冷たく感じる
- □ マッサージをしてもむくみがとれない
- □ すぐ疲れる
- □ 夜更かしで寝つきが悪い

生活習慣チェック〔解説〕

すべてのチェックリストはそれぞれ下半身太りの原因になっている事柄です。原因と、今すぐできる対策を解説します。

休日はずっとゴロゴロしている

休日に活動する元気がない人は、運動する習慣をつくることが脚やせに繋がる可能性が高いです。壁ヒップリフト（P62）など、寝ながらできる種目から始めてみてください。

マッサージをしてもむくみがとれない

むくみの原因は、ふくらはぎの筋肉の「ポンプ作用」の低下です。STEP1の足の整えメニューから始め、足首の柔軟性を取り戻し、ふくらはぎの筋肉が正しく使われる歩き方を身につけましょう。

毎日のようにヒールを履く

ハイヒールは足首の動きが制限され、足指が使いにくくなる、難易度の高い靴です。上手く履きこなせないと下半身太りの原因となりますので、姿勢を整えつつ、足に合った靴（P120）を選びましょう。

すぐ疲れる

すぐ疲れてしまう人は、「丁寧な暮らし」を心がけることをおすすめしています（P44）。疲労の原因を減らし、疲労をコントロールできるようになると、やせるコンディションに変化してきます。

足先が冷たく感じる

足指の動きが悪くなっている人は、血流が滞り、足先が冷たくなっています。STEP1を行い、足指や足裏の感覚を目覚めさせましょう。足のケアは日々の習慣にすることをおすすめしています。

夜更かしで寝つきが悪い

夜の過ごし方はじつはとても大切です。リラックス効果のある「首のほぐし」（P58）、「呼吸数調節」（P60）などを夜に行うのがおすすめです。肩こりや首こりなど、体の緊張を解く効果もあります。

Check 2

歩き方

歩き方には今のあなたのコンディションが表れています。動作、感覚、疲れる部位などさまざまな角度から確認しましょう。

歩き方チェックの方法

動作

スマホで歩いている姿を動画で撮影して確認する方法です。5歩程度、いつものように歩いてください。前、後ろ、横の方向から撮影すると、分析しやすくなります。

感覚・疲れ

ふだん歩いているときの感覚を確認します。歩いているときに疲れや痛みが出る場合は、部位や程度を確認しましょう。

理想の歩き方［解説］

動作

- ☑ 体がふらつかず、平均台の上を歩けるくらい安定している
- ☑ 1歩目が体幹から進み、足から動いていない

感覚・疲れ

- ☑ 地面の反発を感じながらスイスイ進む
- ☑ 地面についた足が「刺さっている」感覚がある
- ☑ 足指で地面を押している感覚がある
- ☑ 自然な腕の振りで、前に進む力が生まれている
- ☑ 自然とお腹に力が入っている
- ☑ 長時間歩いても、特定の部分が疲れることは少ない

「NG脚太ペタペタ歩き」に注意！

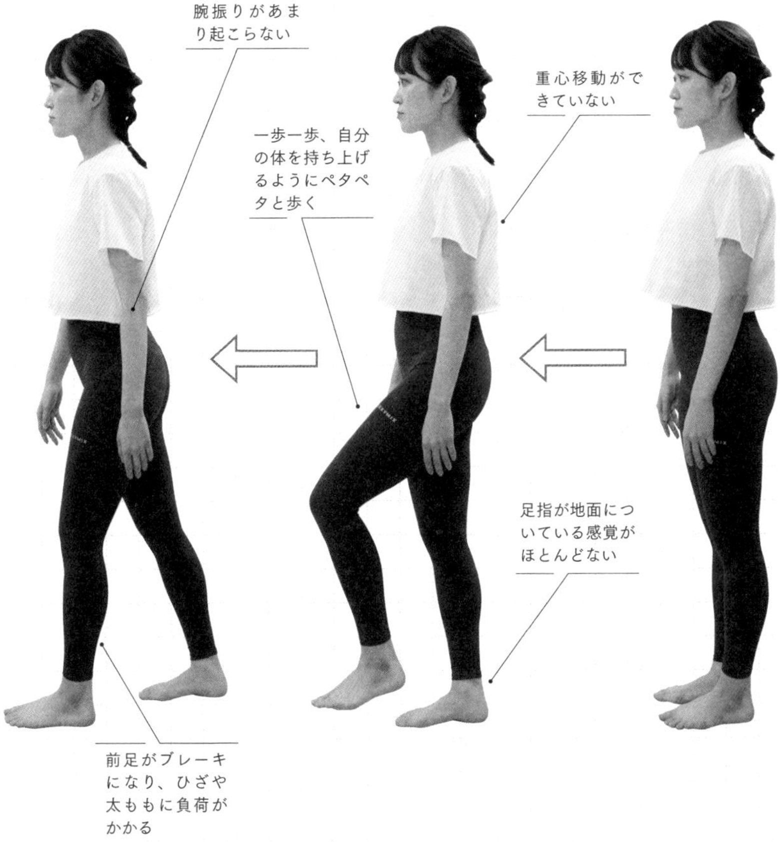
腕振りがあまり起こらない
一歩一歩、自分の体を持ち上げるようにペタペタと歩く
重心移動ができていない
足指が地面についている感覚がほとんどない
前足がブレーキになり、ひざや太ももに負荷がかかる

「NG脚太ペタペタ歩き」になっていると…

・毎回地面を蹴るため、ふくらはぎが太くなる
・一歩ごとに自分で推進力をつくらなければいけないため、疲れやすくなる
・長時間歩くと腰や太もも、スネやふくらはぎなど特定の部分に疲れを感じる

Check 3

つま先・足裏

足は、あなたと地面の唯一の接点です。このチェックで今までどのような体の使い方をしてきたのかわかります。

つま先チェックの方法

向き

床に脚を伸ばした状態で座り、つま先の向きをチェックしましょう。

角度

床に脚を伸ばした状態で座り、足裏が正面を向いているか角度をチェックしましょう。

理想のつま先の角度・向き〔解説〕

角度

かかと、母指球（親指の付け根）、小指球（小指の付け根）の３点を結んだ平面が、地面に対して直角になっているのが理想です。ふだん、まっすぐに地面を押せていないと、使われる筋肉のバランスが崩れて足首が傾き、足も歪んでしまいます。

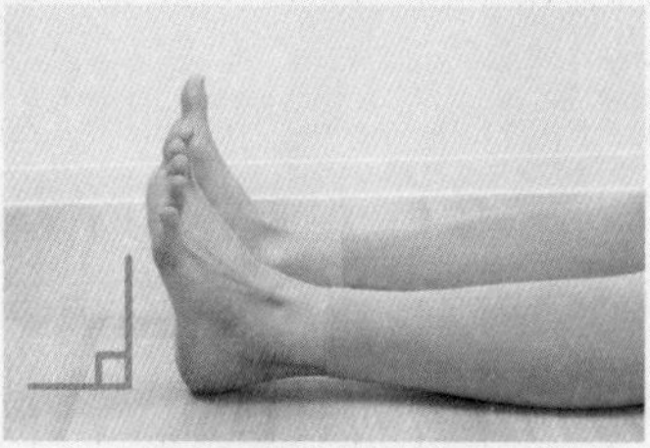

向き

足の人差し指が天井を向いているのが理想です。ふだんお腹の力が抜けている人は、床に座って脚を伸ばすと、つま先から脚全体が外側に開くことが多いです。体幹を安定させたまま手足を動かすメニューによって、つま先の向きは改善されていきます。

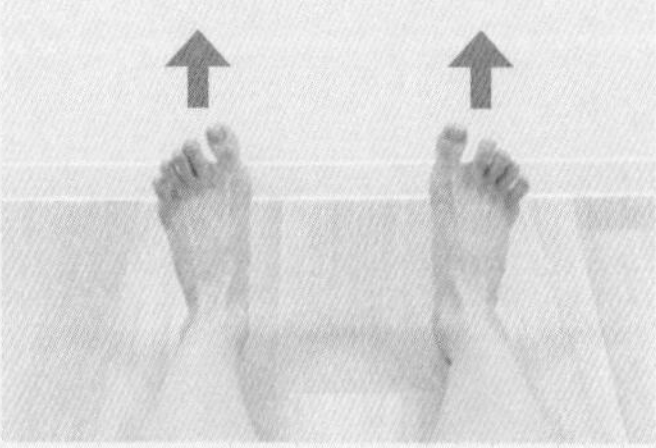

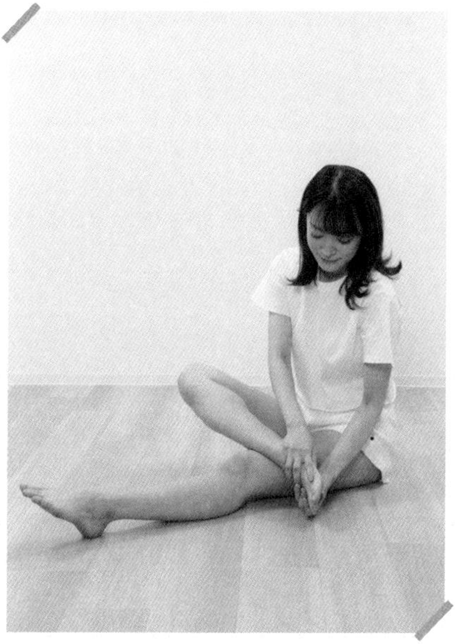

足裏チェックリスト

- ☐ 足先が冷えていないか？
- ☐ 血色が悪くなっていないか？
- ☐ むくんでいないか？
- ☐ タコ、ウオノメができていないか？
- ☐ 足裏の皮膚が硬くなっているところがないか？
- ☐ 足の指が常に曲がっていないか？
- ☐ 足の親指や小指が内側に曲がっていないか？
- ☐ 足の小指がねじれて爪が外を向いていないか？
- ☐ 土踏まずが落ちていないか？

理想の足・足裏〔解説〕

STEP1 の足の整えメニューや、各 STEP のエクササイズを行うと、下記のような理想の足・足裏に変化していきます。変化を感じながらメニューを行いましょう。

- ☐ 足先が冷えていない
- ☐ 血色がよい
- ☐ むくんでいない
- ☐ タコ、ウオノメができていない
- ☐ 皮膚がやわらかい
- ☐ 足裏がふわふわしている
- ☐ 足の指がまっすぐに伸びている
- ☐ 足の親指や小指が内側に曲がっていない
- ☐ 足を床につけた状態で、小指の爪が上を向いている
- ☐ 足を床につけた状態で土踏まずのスペースに手の人差し指を指し込んだときに、第一関節が隠れるまでアーチができている

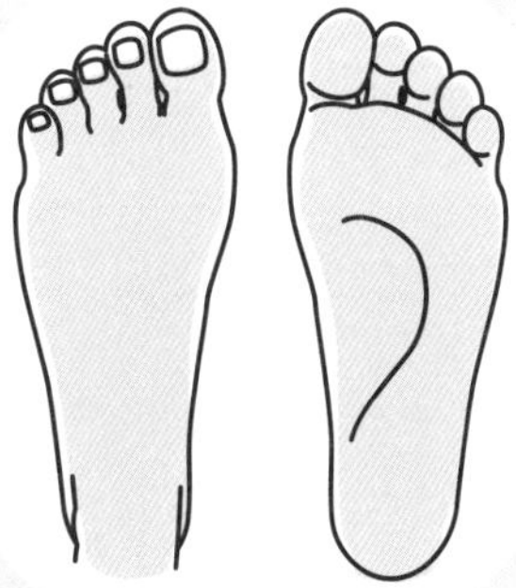

Check 4

足首・ふくらはぎ・太もも

姿勢の崩れが原因で起こる下半身太りには、それぞれの部位に要因があります。当てはまっているかチェックしてください。

足首チェックの方法

柔軟性

ひざを固定した状態でつま先をつかみ、ゆっくり足首を回して柔軟性を確認しましょう。

むくみ

手首と足首をそれぞれ指でつまんで、皮下組織の感触の違いを確認しましょう。

理想の足首［解説］

むくみ

手首と足首をつまんだ感触に違いがない状態が理想です。足首の方が皮下組織に水分が多い感触がすれば、下半身がむくんでいます。

柔軟性

足首の関節に突っかかりがない状態を目指しましょう。「足首回し」（P49）を日頃から習慣づけることをおすすめします。

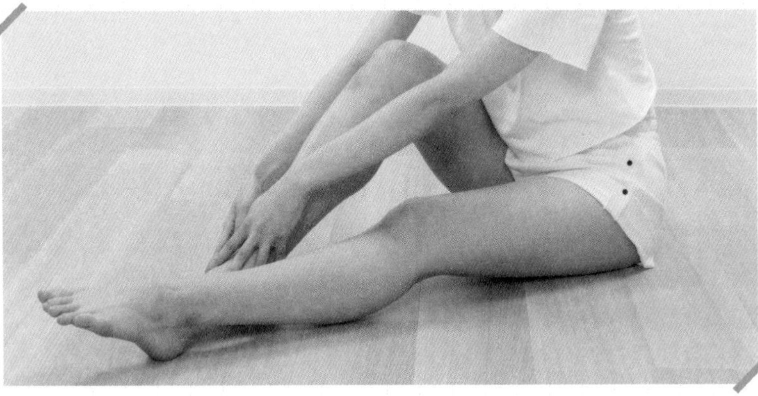

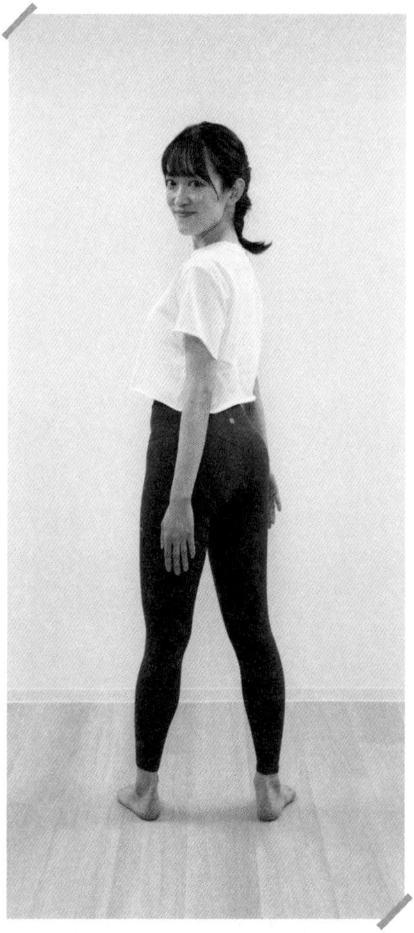

太ももチェックリスト

- ☐ 長時間立っているとき、またはつま先立ちをしたときに前ももの筋肉に緊張を感じるか？
- ☐ ひざを伸ばして力を入れたときに、ひざ上の内側より外側の筋肉が発達していないか？

理想の太もも〔解説〕

前ももの筋肉はしゃがんで立つときなどに適度に使われ、立っているときに余計な緊張がないのが理想です。不安定な姿勢の人は、体を支えるために常に前ももの筋肉が緊張していることが多いです。

ふくらはぎチェックリスト

- ☐ 長時間立っているときに、ふくらはぎの筋肉に緊張を感じるか？
- ☐ ふくらはぎの筋肉の形を見て、内側より外側が発達していないか？

理想のふくらはぎ〔解説〕

足首が内側に傾いている人は、外側が張りやすくなています。ふくらはぎの筋肉は内側と外側が偏りなく使われ、全体的に引き締まっているのが理想です。むくみがない状態になるとアキレス腱が見えます。

Check 5

片足バランス

体幹を安定させたまま、片足で地面を踏むコンディションができているかのチェックです。座面が硬い椅子で行いましょう。

動画もCHECK!

解説＆実演

片足バランスチェックの方法

1 浅く椅子に座り、足裏で床を感じる

骨盤の上に頭が乗っている
足がしっかり床につく

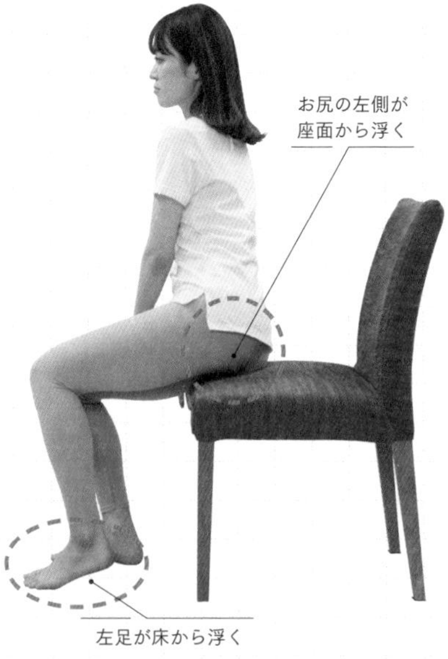
お尻の左側が座面から浮く
左足が床から浮く

2 手の平を合わせて腕を右に伸ばし、右のお尻と右足に重心を移動させる

3 左足を浮かせて伸ばす

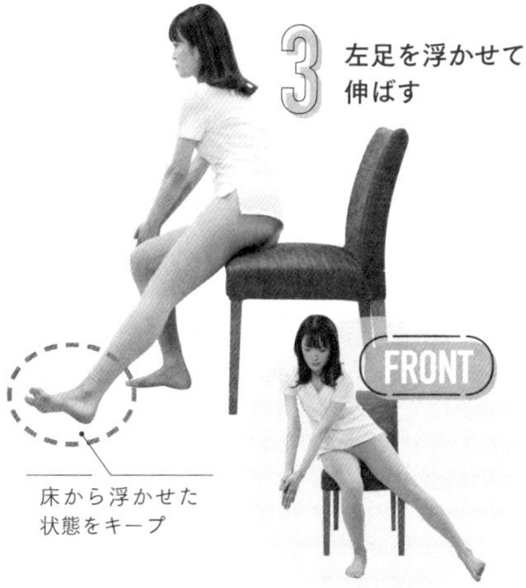

床から浮かせた状態をキープ

4 勢いをつけずに足裏で床を押して、お尻を浮かせる

いつでも止まれるくらいゆっくり

5 片足で立ち上がる

頭は常に右足の上にある

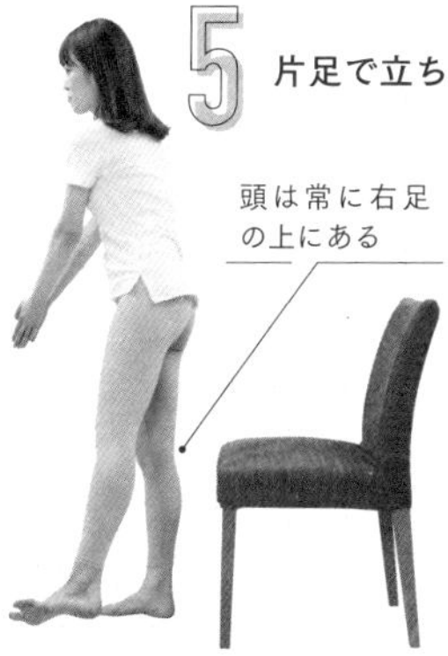

6 バランスを保ったままお尻を下ろす

逆再生の動きで下ろす

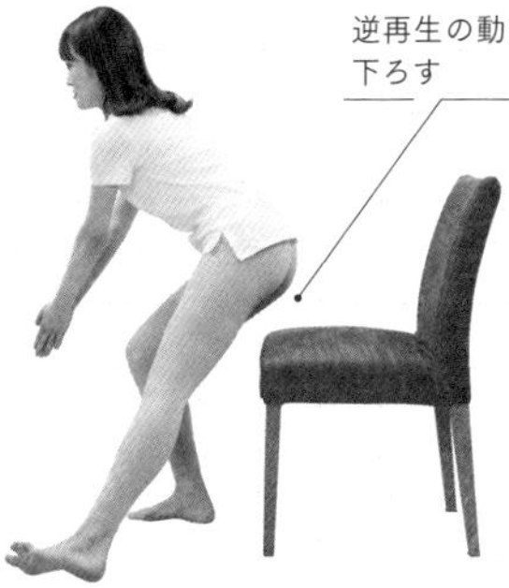

7 ゆっくり椅子にお尻をつける

お尻の右側が座面につく

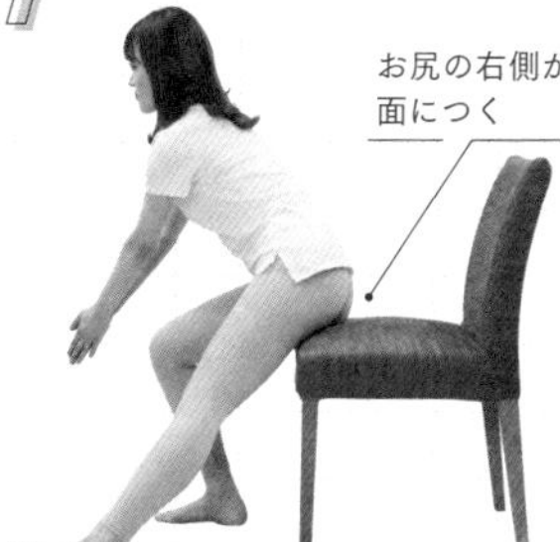

片足バランスチェック［POINT］

- ☐ 頭の位置が安定している
- ☐ 勢いをつけずに立てる
- ☐ お尻の筋肉を使えている

いちばん重要なのは「地球を踏む」こと

「地球の中心まで踏み込む」意識を練習する

この本で初めて「地球を踏む意識」について考えた方は多くいらっしゃるかもしれません。「地球を踏む」は、下半身やせ、「足指ウォーク」に必要不可欠です。ここでは「地球」を感じるレッスンをご説明します。騒音が下の階に伝わってしまいますので、P55で紹介するバランスマットなど、弾力のあるものの上で行ってください。

この踏み込みを行うと、足裏を通じて「地球を踏む」感覚がわかります。

「地球」を感じるレッスン

①アルミ缶を潰すイメージで足を踏み込む。

②2階から1階まで突き抜けるイメージで足を踏み込む。

③地球の中心まで突き抜けるイメージで足を踏み込む。

① アルミ缶を
潰すイメージ

② 2階から1階まで
突き抜けるイメージ

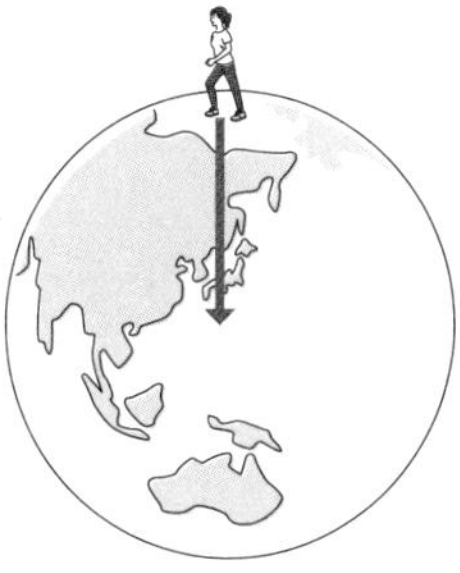

③ 地球の中心まで
突き抜けるイメージ

①から③にかけて、より深部まで足を踏み込もうとすると、表面だけでは止まらず、深部まで突き抜ける意識で足を踏み込みます。単純な強い力ではなく、突き抜ける力です。①のアルミ缶を潰すイメージと、③の地球の中心まで突き抜けるイメージの差を感じてください。深くに意識を向けて、突き刺す。足裏を通じて地球を感じることができるはずです。

この本で解説する「踏む」「踏み込む」「押す」の動きは、地球という球体の中心に向かって踏み抜く感覚で行いましょう。

「体幹」は横隔膜と骨盤底筋を平行に保つと安定する

地面、足裏、横隔膜、骨盤底筋が平行になる

「地球を押す」コンディションをつくるには、体幹の安定が欠かせません。体幹を安定させる条件は、「横隔膜と骨盤底筋を平行に保つこと」です。

反り腰や猫背になっている人は、横隔膜と骨盤底筋が平行になっていません。お腹の力が抜けて体幹が不安定になると、体を支えるために腰や前ももの筋肉などを緊張させて「硬める」状態になってしまいます。

「横隔膜と骨盤底筋の平行って、どうやってつくるの？」と思った方はご安心ください。体幹は「鍛える」のではなく、平行の状態も、意識してつくるものではありません。この本のメニューを習得していく中で自然とつくられていきます。ＳＴＥＰ２からＳＴＥＰ４を通して正しい動作や呼吸方法を身につけ、体幹を安定させたまま手足を動かせるようになると、結果、立ったときには足裏に地面を感じるようになります。このとき自然と、地面、足裏、横隔膜、骨盤底筋が平行になっています。

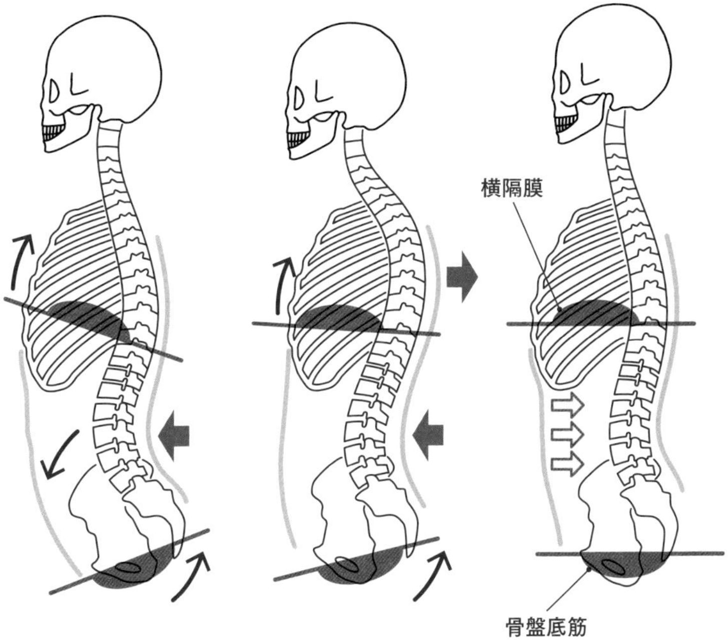
横隔膜
骨盤底筋
反り腰
猫背
よい姿勢

脚と体幹を繋いでいる骨盤

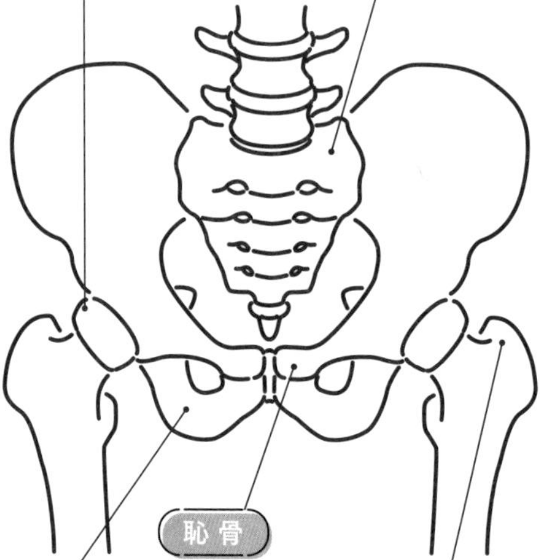
股関節
太ももの骨(大腿骨)と骨盤から構成される関節。
仙骨
仰向けで寝たときに床に感じる部分。
恥骨
うつ伏せになったときに床に感じる部分。
座骨
座ったときに「刺さっている」と感じる部分。
大転子
横向きに寝たときに床に感じる部分。

各位置を確認

股関節は脚と体幹を繋ぐ重要な関節です。この本では体幹を安定させたまま股関節を動かす練習や、股関節を使って左右に重心を移動させるエクササイズが登場します。骨や関節の位置を正確に把握しているほど運動の精度が高くなるので、骨盤の中でも、座骨、仙骨、恥骨がどの位置にあるか確認しましょう。

「お腹に壁」をつくる感覚をつかむ

常に「お腹に力が入っている」状態にするために

体幹は横隔膜と骨盤底筋が平行になっている状態が基本だと解説しました。その体幹を支えるためにも大切なのが、「お腹の壁」となる腹筋です。

「いつもお腹に力を入れていないといけないのですか？」と質問を受けることがありますが、「(意識して)力んでいる」と「(意識しなくても)力が入っている」は違うのです。まずはこの違いを理解することから始めましょう。

息を吸ったときに背中がふくらむ感覚のない人は、お腹の力が抜けています。「壁ヒップリフト」(P62)、「キャットバック」(P68)でお腹に腹筋で壁ができると、息を吸ったときに自然と背中に空気が入るようになります。

壁ができていない人は、息を吐き切ることができません。まずは息を絞り出すことから始めましょう。勢いよく吐くのではなく、ゆっくり、細く、長く吐きましょう。これ以上息を吐くことができないところまで吐いたら、そのままさらに空気を絞り出

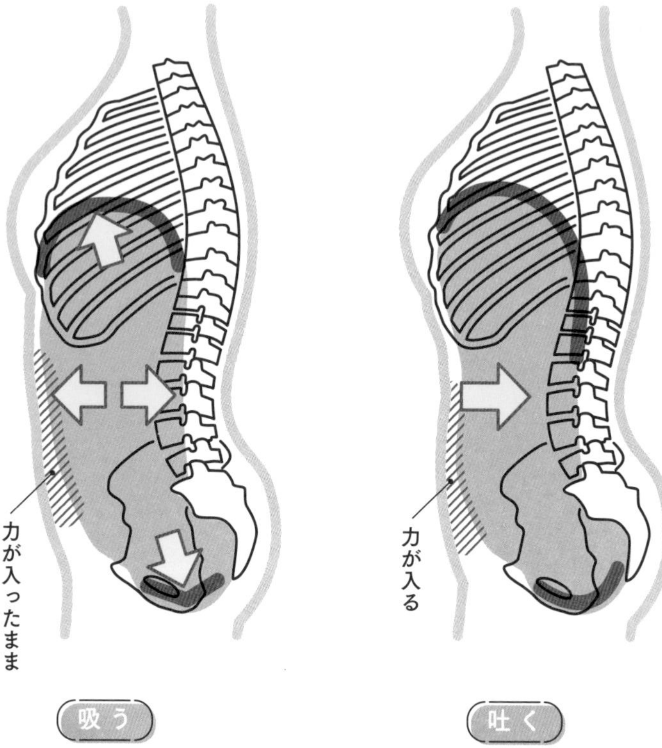

してください。そうすると、肋骨が閉まり、お腹がぺったんこになり、お腹の深部に力が入ります。これが「お腹に壁」がある状態です。

　腹筋によって体の前面が支えられている感覚になりますが、力んではいません。腹筋には余計な力が入らず、テンションがかかっている状態です。この壁をキープしたまま、息を吸います。

　本来力が入っていなければいけない腹筋がゆるんでいると、体幹を保つことができなくなってしまいます。仮にお腹に力を入れて、壁をつくっていたとしても、別の動きをした瞬間にお腹の力は抜けてしまいます。体感しないとわからない感覚ですので、ＳＴＥＰ２でじっくり習得しましょう。

「正しい呼吸」がやせやすい体に繋がる

多くの人が「間違った太る呼吸」をしている

呼吸は1日に約2万回も行われている「運動」です。じつは、呼吸の動作は体の使い方に大きな影響を与えています。呼吸は寝ているときなど、安静時にも常に行われていますので、正しくない呼吸パターンを行っていると、体幹から姿勢が崩れてしまいます。無意識に息を吸って吐いてをくり返して生きているため、意識をすることなく、正しい呼吸ができた気になっている人が多いのです。

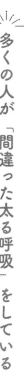

下半身太りで悩んでいる女性のほとんどが、息をしっかりと吐ききれておらず、浅い呼吸をくり返しています。呼吸が浅くなっていると、お腹の力が抜けている。腰が反っている。肋骨が浮いているといった、太りやすい体に繋がります。

腹の力が抜けて反り腰になっていたり、腰の緊張を感じやすい方は、息を吸うたびに、肋骨が前に飛び出していることが多いです。その状態で「ダウンドッグ&スワン」（P84）のような体を反らせる種目にいきなり挑戦すると、腰部の筋肉が力んで、上手くできない可能性が高いです。

まずは正しい呼吸を習得するために、「息を吐き切る」と「息を吸う」を分けて練習することをおすすめします。壁ヒップリフト」（Ｐ62）や「キャットバック」（Ｐ68）で、息を吐き切る練習をしましょう。

そして、「やじろべえストレッチ」（Ｐ64）や「一直線ストレッチ」（Ｐ88）などの骨格ストレッチで、息を吸ったときに今まで空気が入らなかったところまでふくらませることを目指してください。

これらを並行して練習することで、息を吸ったときに肩が上がったり腰が反ったりする状態から、背中や下腹部まで体全体がふくらむ正しい呼吸が身につきます。

呼吸の方法については、「呼吸数調整」（Ｐ60）で解説しますが、「正しい呼吸」は、①お腹に壁ができる。②背中に空気が入る。③深く長い呼吸ができる。この3点が必須となります。

この呼吸ができるようになると、「足指ウォーク」の完成に大きく前進します。安定した姿勢をつくるために、正しい呼吸を身につけることは大切ですので、姿勢を整えるメニューと併せて行いましょう。

緊張と弛緩をくり返す「脱力」トレーニング

体の緊張を解いて運動できるコンディションをつくる

下半身太りで悩んでいる人のほとんどは、体の緊張が強く、脱力が苦手です。たとえば、背中を丸めるのが苦手な人の多くは背中の筋肉が硬くなっているのではなく、無意識のうちに自分で背中の筋肉を緊張させています。仰向けに寝て腰と床の間に手が入る、首や肩がこりやすいなどが当てはまる場合は、次の「脱力トレーニング」を行い、緊張を解く練習をしましょう。

脱力トレーニング

①仰向けに寝て、ひざを立てる。全身に力を入れて5秒キープし、一気に脱力する。
②①を3回くり返し、最初より力が抜けやすくなっていることを確認する。

ＳＴＥＰ２の「部位別整えメニュー」は体の余計な緊張を減らす効果もありますので、運動前や夜のリラックスタイムにあわせて行うのもおすすめです。

究極のやせる習慣は「丁寧な暮らし」

緊張と疲労をコントロールして快適な生活を送る

日々の生活の中には、下半身太りの原因となるさまざまな悪い習慣が隠れています。この本の冒頭でも、体の緊張や、無意識のうちに浅くなっている呼吸が姿勢を崩す原因になっているとお話ししました。体を整えて動作を改善するほかに心がけることとして、「丁寧な暮らし」が、最も効率的な「やせる習慣」となります。

具体的に説明しましょう。

食事の時間をあけすぎない

食事と食事の時間をあけすぎると、血糖値が下がりやすい状態になります。低血糖状態は交感神経の働きを強め、歯の食いしばりの原因にもなるといわれています。朝起きたときに強い空腹を感じる人は、睡眠中に歯ぎしりをしていないか確認することをおすすめします。夜は食事を減らしやすい時間帯ですが、体に過度な緊張が起こっていたら睡眠の質を下げてしまいます。
　食事については、よく噛んで食べる、胃腸に負担のかかる食べ物を避ける、カフェインやアルコール、砂糖を減らすなども有効です。

「丁寧な暮らし」で疲労をコントロールする

　食事制限のあとに暴飲暴食をしてしまったことはありませんか？　食事の乱れは「疲労」がひとつの原因であるといわれています。食事の減らしすぎによって栄養不足になり、疲労が溜まると、食欲の制御が効かなくなり、食事が乱れてしまいます。短期間でやせようと、運動やトレーニングを頑張りすぎたときも同じです。疲労のコントロールはダイエットには必須といえます。疲労回復のために1日に7時間は寝る、スマホやパソコンを見る時間を減らす、寝る前にリラックスする時間をつくる、湯船に浸かって体を温める、掃除や仕事は後回しにせずにすぐ取りかかる、ウォーキングやジョギングなどの有酸素運動も効果的です。

　丁寧な暮らしは、体の緊張を減らし、疲労をコントロールすることに繋がります。日頃から生活の中で意識してみてください。STEP1以降のメニューに加え、丁寧な暮らしをすることで、体はどんどん整い、やせる体質へと変化していきます。

STEP1

足の整えメニュー

STEP1 では、体の土台となる足を整え、
全身を支える基礎をつくります。
足裏や指が硬くなっていますので、
「よく動かせるやわらかい足」をつくりましょう。

ポイントは、強い力をかけずに、足をやさしく扱うことです。
早く効果を出そうと、強く引っ張ったり伸ばしたりしたくなりますが、
力を入れるとアプローチする部分に緊張が伝わってしまいます。
「いつも支えてくれてありがとう」と足を労るつもりで、
やさしく丁寧にケアしましょう。

1 日 1 回、5 ～ 10 分ほど、タイミングはいつでも OK です。
たとえば、朝起きて足を床につける前、運動する前、
お風呂でゆっくりしているとき、たくさん歩いて疲れたとき、
慣れない靴を履いたあとなどがおすすめです。

足は、立ち姿勢において私たちの体と地面との唯一の接点です。

足の整えメニューと体幹を整えるトレーニングを並行して続けると、
私たちの姿勢はどんどん改善していきます。
全身が整うまでじっくり継続しましょう。

動画もCHECK!

解説 & 実演

STEP1-A

足指伸ばし

先の細い靴などによって曲がっている足指を、1本ずつ正しい方向へ伸ばします。

左右×各1分

足の指を1本ずつ伸ばす

足の親指を持ち、付け根を押さえながら、中足骨（足の甲にある細長い骨）の向きにそろえるようにまっすぐに伸ばす。すべての指を左右同様に各1分行う。

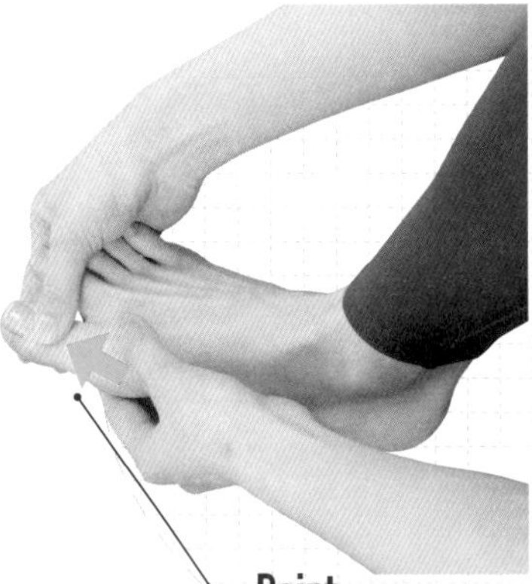

Point
指の骨をつかみ、やさしく関節の隙間を広げるイメージで。

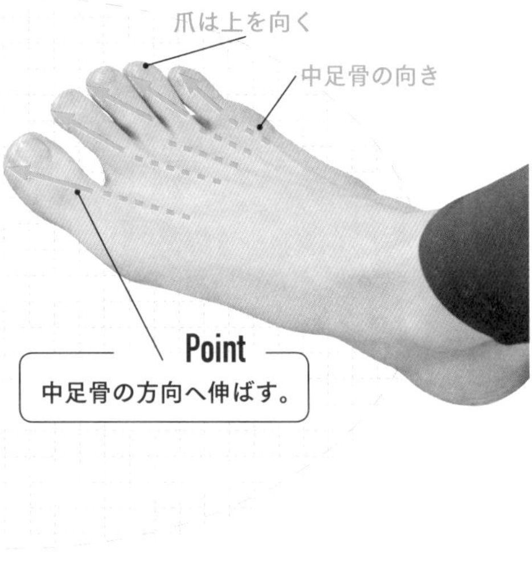

Point
中足骨の方向へ伸ばす。

動画もCHECK!

解説 & 実演

STEP1-B

足首回し

硬くなりやすい足首をゆるめ、小指側に向かって回すことで、体重を小指側に乗せられるようにします。

左右×各20回

手の指と足の指を組み、足首を小指側に回す

手の指と足の指で握り合うように組む。ひざを押さえて、大きく、ゆっくり、小指側へ丁寧に20回ほど回す。足首が動かしやすくなるのを感じられればOK。反対側も同様に行う。

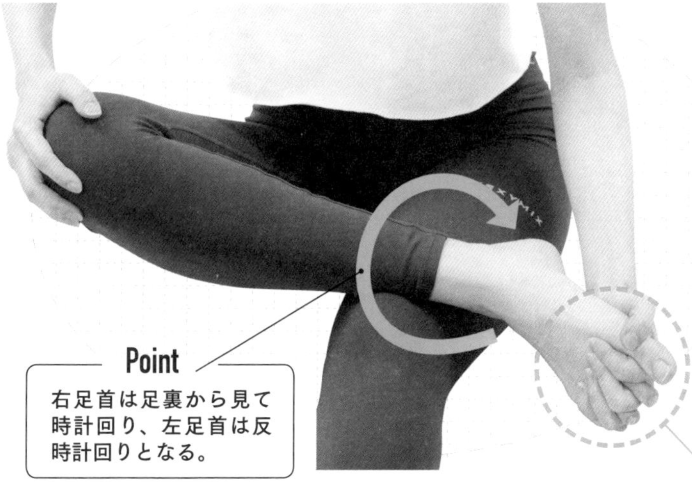

Point

右足首は足裏から見て時計回り、左足首は反時計回りとなる。

動画もCHECK!

解説 & 実演

STEP1-c

足の甲のつぶつぶ出し

足裏の横のアーチをつくりつつ、MP 関節を動かしやすくします。つぶつぶが出ない人も、続けると出るようになります。

左右×各30秒

足の甲のつぶつぶを出す

親指以外の手の指 4 本で足裏を押さえる。足のつぶつぶ（MP 関節）が浮き出るように、30 秒ほど足の指を曲げる。反対側も同様に行う。

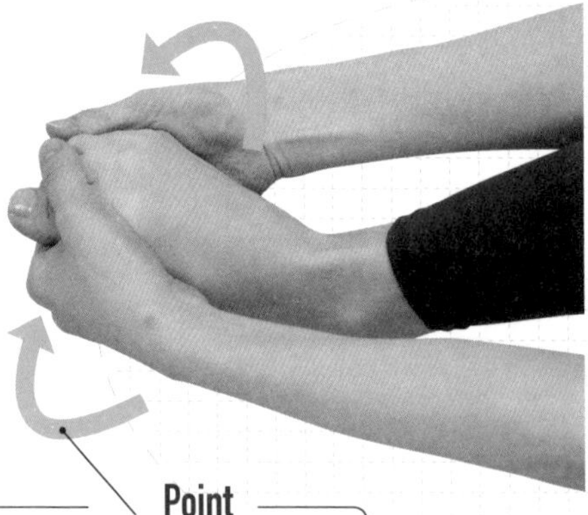

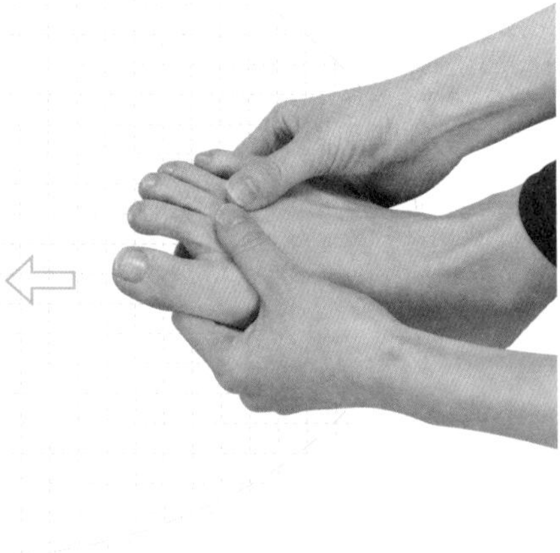

Point

100 万円の札束を扇形に広げるように、足をやさしく丁寧に扱う。

動画もCHECK!

解説 & 実演

STEP1-D

足チョキ体操

足指で床を押し、足指を活性化させるエクササイズです。ここから「地球を押す」練習が始まります。

左右×各10回

足の親指を浮かせて戻す、親指以外を浮かせて戻すをくり返す

足の指で床を軽く押す。親指以外の4本の指は床を軽く押したまま、親指を浮かせて戻す。親指は床を軽く押したまま、4本の指を浮かせて戻す。これを10回くり返す。反対側も同様に行う。

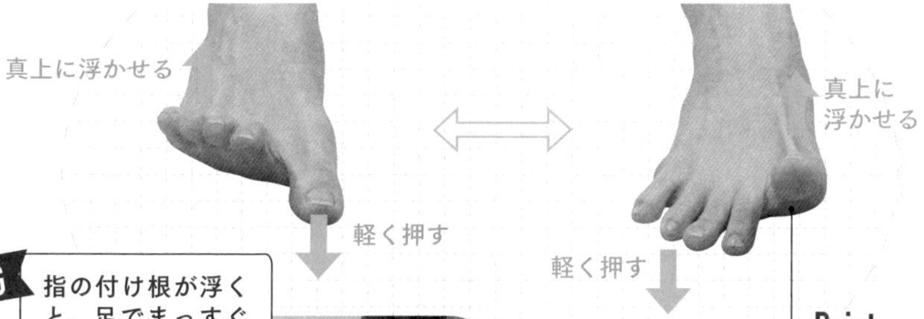
真上に浮かせる
軽く押す
真上に浮かせる
軽く押す

NG

指の付け根が浮くと、足でまっすぐ地面を押せなくなってしまう。

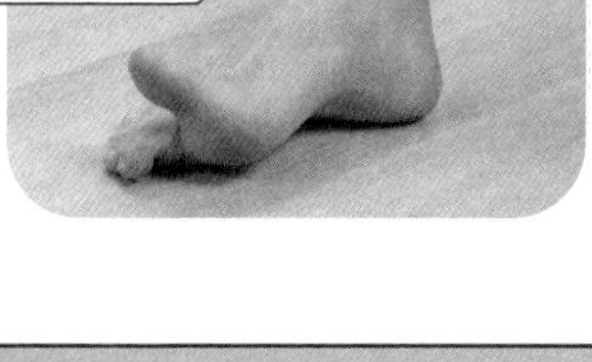

Point

指の付け根（母指球）は地面につけたまま。

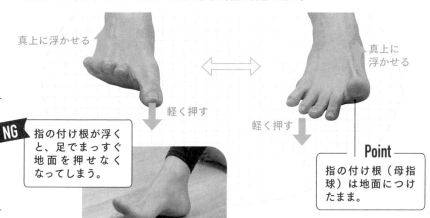

動画もCHECK!

解説 & 実演

STEP1-E

足裏トントン

足裏に刺激を与えて、立つときに地面と接する部分の足裏の感覚を目覚めさせます。

左右×各20秒

足裏の地面と接する部分をこぶしで叩く

足裏の地面と接する部分（土踏まず以外）をこぶしでトントンと叩き、刺激する。リズミカルにまんべんなく、20秒ほど叩く。反対側も同様に行う。

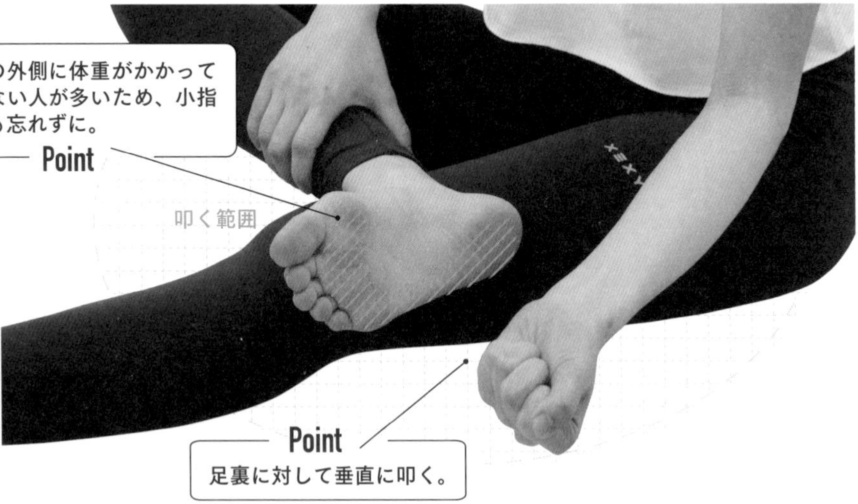

の外側に体重がかかって
ない人が多いため、小指
も忘れずに。
Point
叩く範囲
Point
足裏に対して垂直に叩く。

足指ウォーク POINT

癒着している筋膜をリリース

動かせるコンディションをつくる

筋肉は、コラーゲンや水分で構成される「筋膜」に包まれています。運動不足や、長時間同じ姿勢で過ごしていると筋膜の癒着が起こり、筋肉そのものの動きも悪くなってしまいます。
STEP2 以降のメニューで、思い通りに体が動かせないと感じる場合は、フォームローラーなどのケアアイテムで筋膜をリリースし、本来の体の動きを取り戻しましょう。ケアアイテムは「やせるアイテム」ではありません。動作改善のひとつの道具として活用してください。「足指ウォーク」を習得すると、動きをよくするための日々のケアは最小限で済むようになります。

筋膜リリースで動きがよくなる仕組み

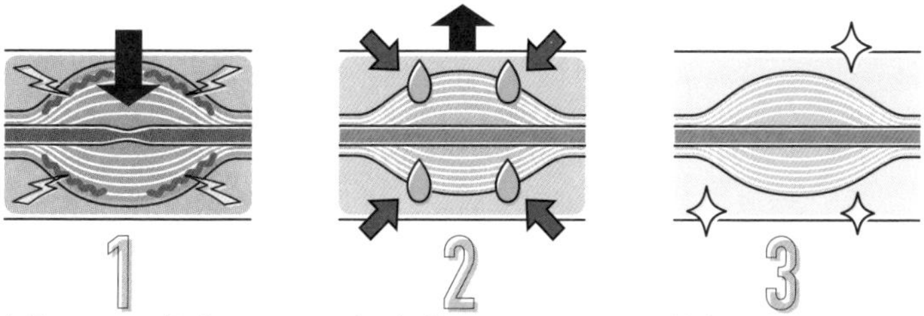

1 癒着している筋膜に圧をかける

2 圧迫と解放をくり返すと血流が改善し、筋膜の癒着がはがされる

3 筋肉や関節の動きが改善する

痛い部分を探すのは OK、痛みを追い求めるのは NG！

筋膜が癒着しているところに圧をかけると、痛みを感じます。しかし、「痛い方が効いている気がする」と痛くすると、体が緊張してしまったり、組織を傷つけてしまったりして逆効果です。痛みを感じる部分を見つけたら、ゆっくり、やさしく、丁寧に圧をかけてリリースしましょう。あてた部位が痛すぎて動けない場合は、無理に体を動かさずに、深呼吸するだけでも OK です。

＼動画もCHECK!／

解説＆実演

フォームローラーの使い方

全身に使える代表的なリリースアイテムです。お尻、前もも、ふくらはぎなど、動きが気になる部位に使います。リリース前後で可動域や動かしやすさが変わったか確認しましょう。

各部位のほぐし方

1 お尻

お尻にローラーをあて、体重をかける。手やひじを床につき、お尻を前後にスライドさせる。お尻は面積が大きいため、上下・内外と場所を変えて痛みを感じる部分を探すとよい。

2 前もも

前ももにローラーをあて、両ひじを床につけて体重をかける。ひじを安定させたまま、体を前後に動かす。ローラーの位置を固定してひざをゆっくり曲げ伸ばししてもよい。

3 ふくらはぎ

ふくらはぎにローラーをあて、両手を床につけて体重を乗せる。ひざを曲げ伸ばししたり脚を内外にひねったりしてリリースする。

4 脇下

首の力を抜いて体重を乗せる。ローラーを転がすだけでなく、上半身を前後に傾けてあてる角度を変えるとよい。

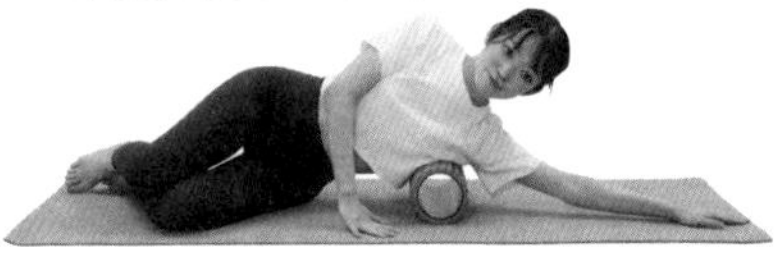

5 背中

みぞおちの裏にローラーをあてて仰向けになり、手で頭を支える。お腹の力を入れたまま、お尻を浮かせた状態で上下にスライドさせる。

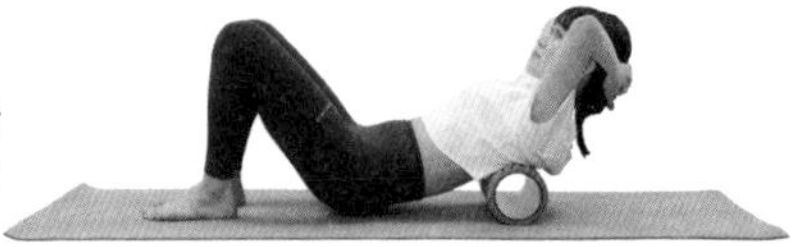

ケアアイテムいろいろ

筋膜リリースに使える、フォームローラー以外のケアアイテムをご紹介します。それぞれに異なる長所があるので、部位によって使い分けるのがおすすめです。

マッサージボール

フォームローラーと同じ原理で、面ではなく点で圧をかけるアイテムです。テニスボールでも代用できますが、ボール自体が凹むため、圧が深部に届きにくくなります。マッサージボールは体にしっかりとした圧をかけることができます。

フロスバンド

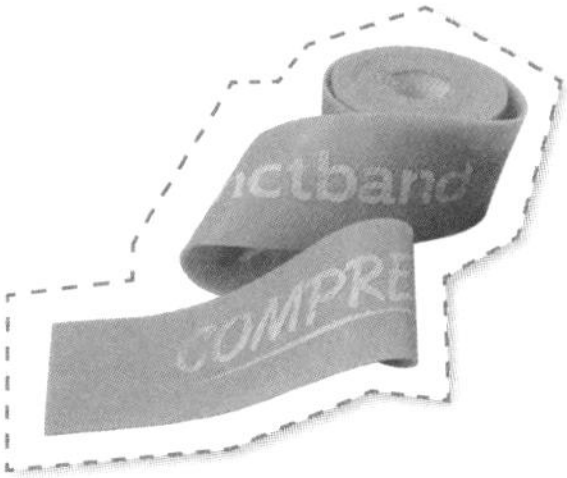

リリースしたい部位に引っ張りながら巻き、圧がかかった状態で関節を曲げ伸ばししてから、外します。足首やひざ周辺など、フォームローラーではあてにくいところにも使うことができます。巻いた直後は痕が残ることがあるので、肌を露出させる時期には注意が必要です。

マッサージガン

高速振動によってリリースするアイテムです。電子レンジでものが温まる仕組みと同じで、振動により、あてた部分の温度が上昇して血流も改善しやすくなります。気になるところにじっとあてておくことがポイントです。

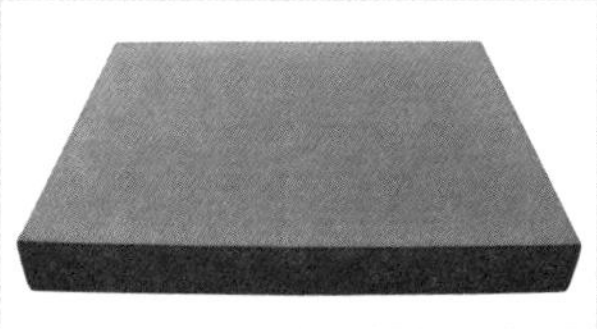

こんなアイテムも！ バランスマット

不安定な足場により「地球を踏む」を実感するためのおすすめアイテムです。本書のエクササイズを床ではなくバランスマットの上で行うことで、「まっすぐに地球を押す」精度を高めることができます。

STEP2

部位別整えメニュー

STEP2 では、体の使い方をゼロから見直し、
日常動作を「負荷の小さなエクササイズ」によって改善します。
コツは、新しい動きをインストールするつもりで行うことです。
今までに自分で無意識に行ってきた動作のパターンやクセがありますので、
人に体を動かしてもらうイメージで、丁寧に行いましょう。
どのメニューも、勢いをつけたり、力んだりするのは NG です。

習得できないまま STEP3 以降に進むと行き詰まってしまうので、
まずは徹底的に STEP2 を行ってください。
ゆりかごエクササイズ（P66）、座骨座り＆お尻歩き（P72）の
重心移動がとくに大切です。
STEP3 以降のメニューには、STEP2 にある動きも含まれています。
STEP2 の内容は、いつでも自信を持ってできるようになったら
卒業して OK です。

行うタイミングはいつでも OK ですが、
呼吸が浅い、肩や首がこるなど、体の緊張を感じる方は、
夜寝る前にリラックスする目的で行うのがおすすめです。

体の余計な緊張を減らし、
思い通りに体を動かせるコンディションをつくりましょう。

動画もCHECK!

解説 & 実演

STEP2-A

首のほぐし

呼吸が浅く、肩や首に力が入りやすい人は、圧をかけながらの呼吸で首の筋肉をゆるめましょう。

左右×各5回

呼吸数調整(P60)と同じく、お腹、胸、背中すべてがふくらむように意識する。
Point

鎖骨の上のくぼみを指で押す。
Point

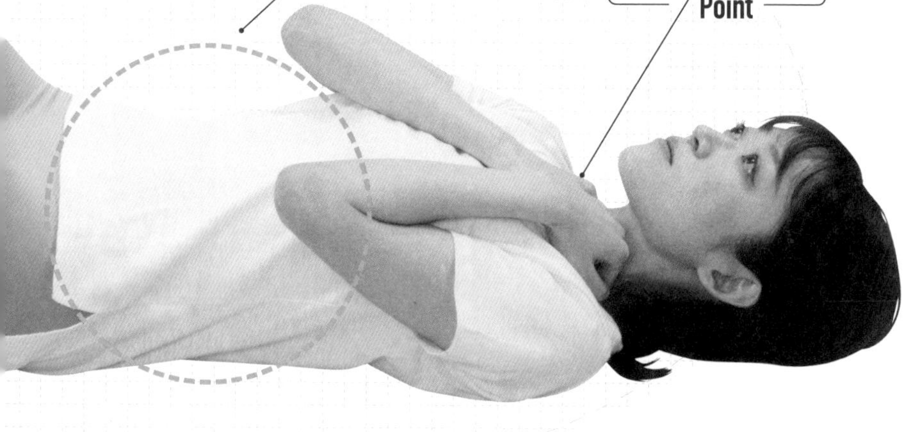

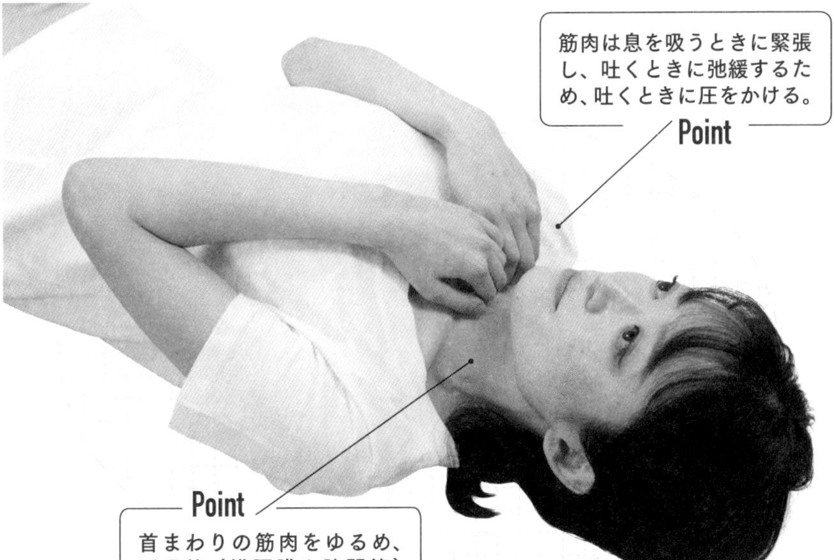

筋肉は息を吸うときに緊張し、吐くときに弛緩するため、吐くときに圧をかける。
Point
Point
首まわりの筋肉をゆるめ、呼吸筋（横隔膜や肋間筋）を使いやすくする。

鎖骨のくぼみに指をかけて息を吸い、吐くときに圧をかける

床に寝た状態で、鎖骨のくぼみに軽く指をかける。息を吸うときはやさしく置く程度にし、吐くときに軽く圧をかける。これを呼吸5回分行う。呼吸がゆっくり深くできると、首の筋肉がゆるみやすくなる。反対側も同様に行う。

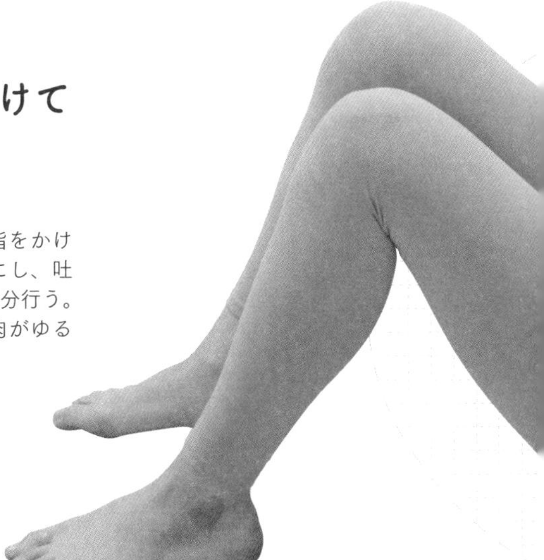

動画もCHECK!

解説 & 実演

STEP2-B

呼吸数調整

息を吸って、吐いて、止めるの3ステップをそれぞれ同じ秒数ずつ行い、少ない呼吸数で生活できることを目指します。

4分

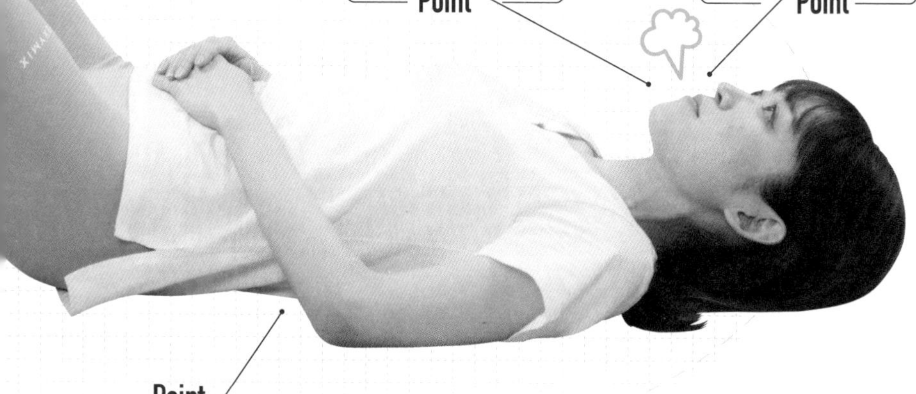
Point
吸うときは呼吸音が聞こえないくらいやさしく。
Point
口の中では、常に舌を上あごにつける。
Point
息を吸ったときに床と腰の間がせまくなる。

NG 息を吸ったときに床と腰の間に隙間があるとNG。胸、お腹のどちらかしかふくらんでいない状態。壁ヒップリフト（P62）で背中呼吸の練習を行いましょう。

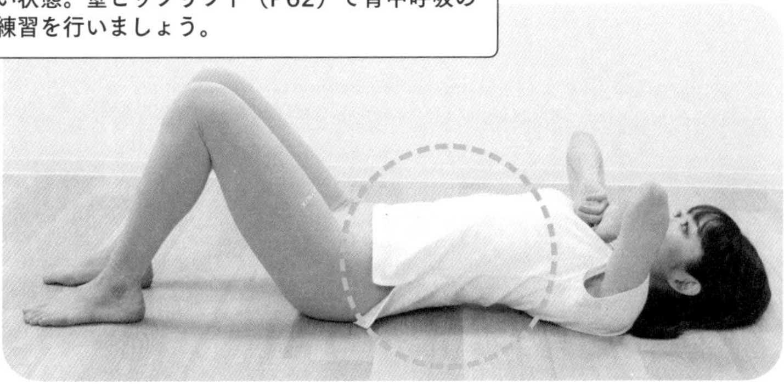

できなかった人の練習メニュー

・壁ヒップリフト（P62）

こんなNGに注意

× 口で呼吸をしている
× 息を吸うたびに肋骨が前に飛び出す
× 息を吸うたびに腰が反る

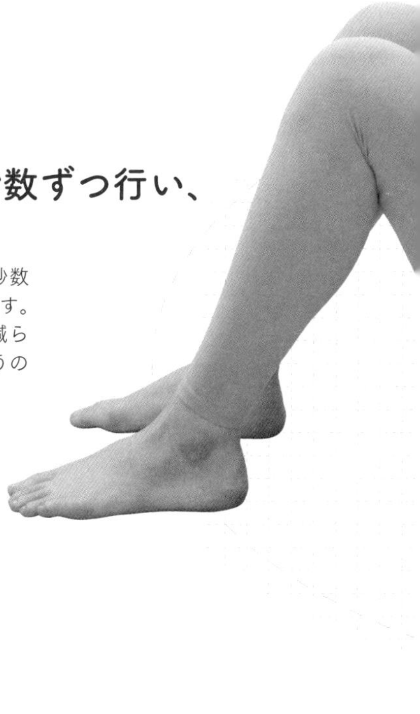

吸う、吐く、止めるを同じ秒数ずつ行い、呼吸数を調整する

息を吸う、吐く、止めるの3工程をそれぞれ同じ秒数ずつ行い、少ない呼吸数で生活できることを目指す。5-5-5から始めて1秒ずつ延ばし、10-10-10まで減らすことができるのが理想。呼吸数調整は寝る前に行うのがおすすめで、4分間続けられる秒数に設定する。

正しい呼吸ができるようになると…

○ 1回の呼吸で吸える量が増え、時間あたりの呼吸の回数が減る
○ 体の余計な緊張が減ってリラックスする
○ 腹圧が高まって体幹が安定する

動画もCHECK!

解説 & 実演

STEP2-C

壁 ヒップリフト

お腹の力を抜かずに背中で息を吸う練習です。呼吸は 5-5-5 から始めてみましょう。

4回

1 股関節とひざ関節を 90 度に曲げ、壁に足裏をつける

仰向けに寝た状態で、足幅はこぶし 1 個分あける。股関節とひざ関節を 90 度に曲げ、壁に対して足裏をまっすぐつける。

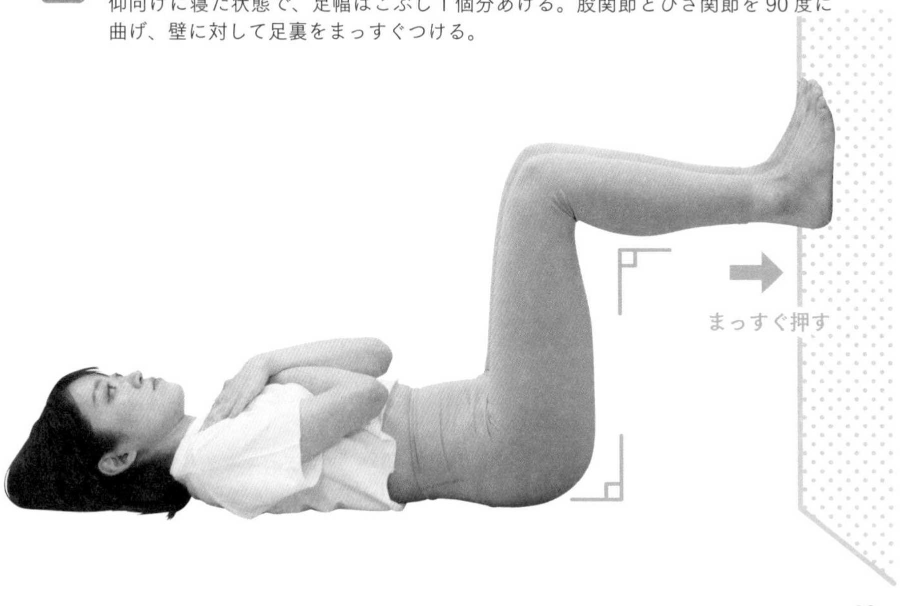

2 壁を足裏で垂直に押しながら、呼吸する

壁を足裏で垂直に押し、お尻が1cmほど浮く。無理にお尻を上げようとしなくてOK。息を吸う、吐ききる、止めるの3工程をそれぞれ同じ秒数ずつ行う。5-5-5から始め、慣れたら1秒ずつ延ばし、10-10-10を目指す。この呼吸を4回分行う。

Point

5秒で吸う→5秒で吐ききる→5秒止めるを4回くり返す。慣れてきたら1秒ずつ延ばす。

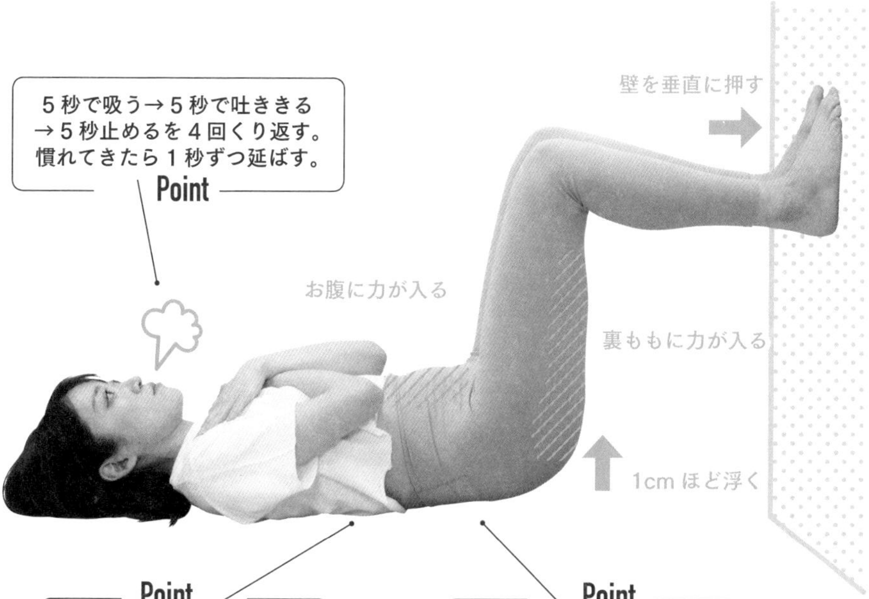

Point

息を吐くときは、肋骨が閉じるのを感じながらしっかり吐ききる。

Point

足裏で壁を押してお尻を1cmだけ浮かせると、腰が丸まって腹筋と裏ももに力が入る。

動画もCHECK!

解説 & 実演

STEP2-D

やじろべえストレッチ

肩、背中、腰などの余計な緊張を減らし、
ひねりやすい体をつくるメニューです。

左右×各3回

1 仰向けに寝た状態でひざを立てる

仰向けに寝た状態でひざを立てる。足裏で床を感じる。

2 両ひざを左に倒し、両手を合わせて左に倒す

全身を左に倒し、ひざとひざ、両手の平の重なりを感じる。左の大転子と肩で地面を感じて、お腹と床に隙間をつくる。

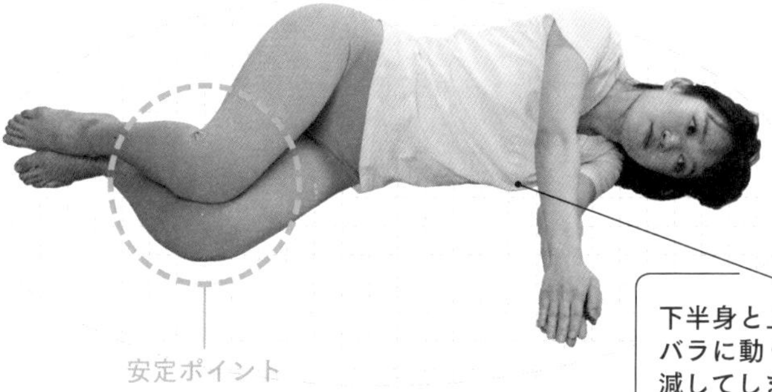
安定ポイント

Point
下半身と上半身がバラバラに動くと効果が半減してしまう。

3 両腕を広げて上半身をひねり、深呼吸

ひざとひざの重なりを保ちながら、ゆっくり上半身を右にひねる。右の肩は床につかなくてもOK。この状態をキープしながら深呼吸を3回行い、息を吸うたびに右の腕や肩が床に近づくのを感じる。体幹部の緊張を感じなくなったら2から1状態に戻り、反対も同様に行う。

Point
腰が痛くなる人は、2の姿勢でお腹の力が抜けている可能性がある。姿勢をつくり直し、一度息を吐きながらお腹に力を入れてからゆっくり体をひねる。

Point
ふだんの呼吸量の2倍を目標に、たくさん息を吸う。基本は鼻から吸い、これ以上吸えないと感じたら空気をぱくぱく飲み込むようにして背中に空気を送り込む。息を吐きながら一気に脱力する。

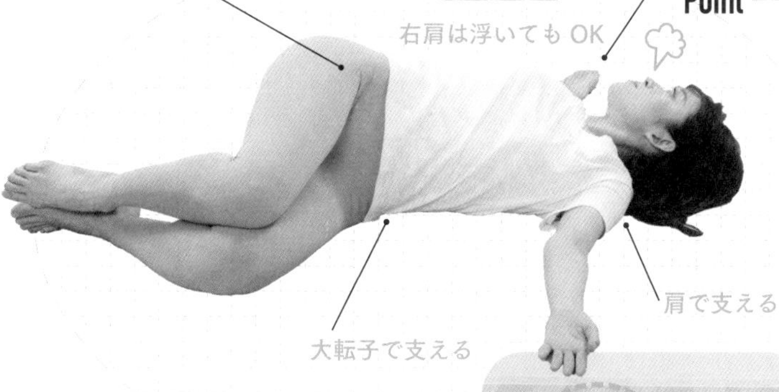
右肩は浮いてもOK
肩で支える
大転子で支える

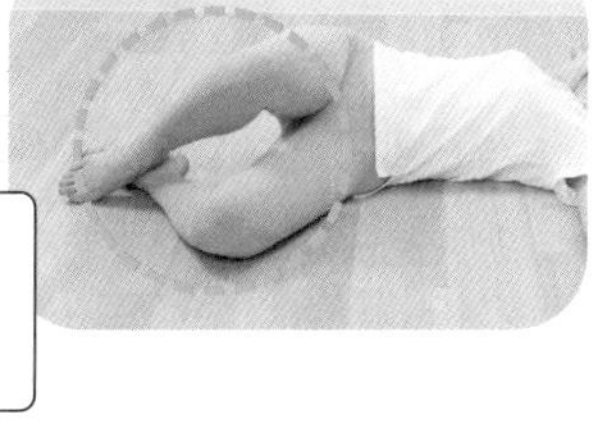

NG
ひざが浮くと姿勢が安定しないため、重なった状態を保つ。

動画もCHECK!

解説 & 実演

STEP2-E

ゆりかご エクササイズ

背中を丸めた状態で床に転がり、左右に重心移動を行う重要なメニューです。

20回

1 仰向けに寝て足を浮かせ、ひざと手の平を軽く押し合う

仰向けに寝て足を浮かせる。ひざと手の平を軽く押し合う。お腹に力が入る。

2 左右に重心を移動させて揺れる

1の姿勢をキープしたまま、左右に重心を移動させ、左右に20回ほど揺れる。

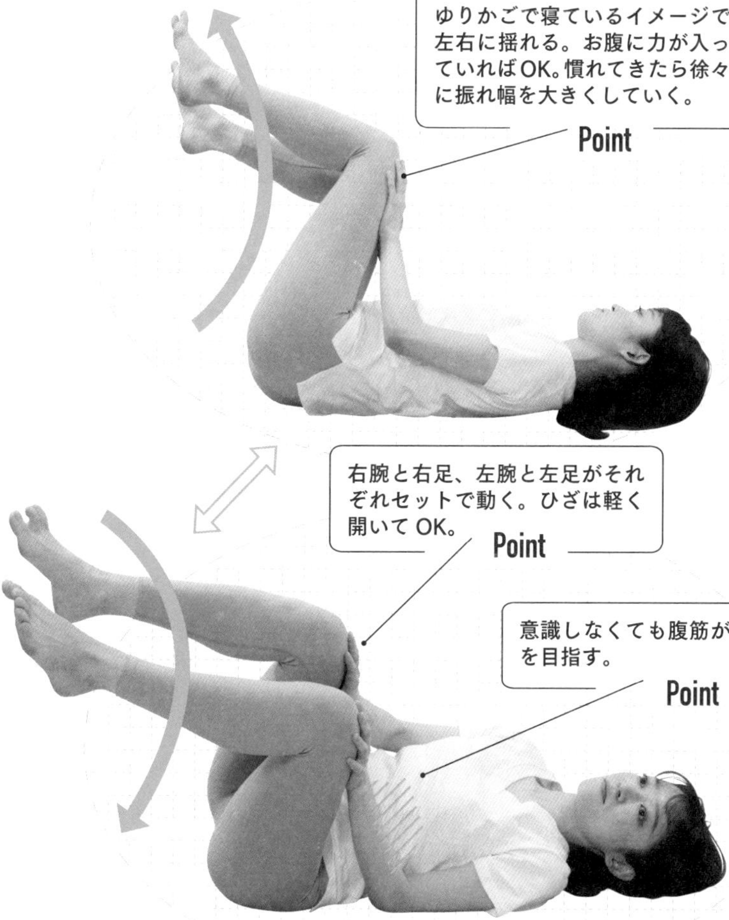
ゆりかごで寝ているイメージで左右に揺れる。お腹に力が入っていればOK。慣れてきたら徐々に振れ幅を大きくしていく。
Point
右腕と右足、左腕と左足がそれぞれセットで動く。ひざは軽く開いてOK。
Point
意識しなくても腹筋が働く状態を目指す。
Point

NG

上半身と下半身がバラバラに動くのはNG。お腹の力が抜けると、背中が反って倒れてしまう。

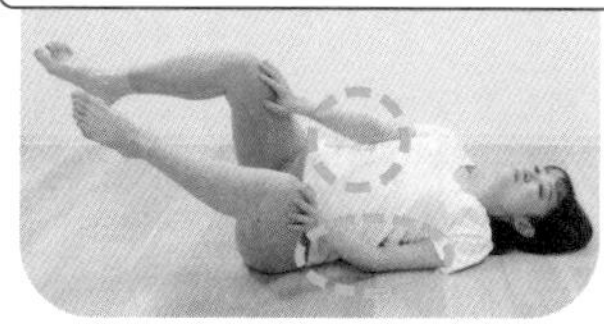

こんなNGに注意

- ×お腹の力が抜けると背中が反り、立ち姿勢で地球を押せなくなる
- ×腹筋を鍛えても反り腰が修正できないのは、日常動作で腹筋の力が抜けているため

動画もCHECK!

解説 & 実演

STEP2-F

キャットバック

腕とひざで地面を押して、背中を丸めたまま背中で息を吸う練習をします。

5回

1 床によつばいになり、腕とひざで床を押す

床によつばいになり、手とひざの4点で床を押す。腕は長く、ひざを床に突き刺すイメージで押すと反り腰にならずに背中全体が丸くなり、腹筋に力が入った状態になる。

ひざを床に刺すイメージで押す
指先まで含めた手の平全体で押す

2 床を押しながら息を吐き、背中を丸める

さらに床を押しながら息を吐き、背中を丸める。

床を押すことで背中が上がり、丸まる。
Point

肩と耳の距離を保つ
息を吐ききる
さらに押す

3 床を押しながら息を吸い、背中に空気を送り込む

息を吐ききったら鼻からゆっくり息を吸い、背中がふくらむのを感じる。これ以上吸えないと感じたら **2** に戻り、また息を吐ききる。**2**～**3** を5回くり返す。

背中は常に丸まったまま
息を吸う
さらに押す

手の位置は手前にずらしても OK。
Point

NG 肩がすくんでいると、床が押せずお腹に力が入らないためNG。

できなかった人の練習メニュー

- 壁ヒップリフト（P62）
- やじろべえストレッチ（P64）

動画もCHECK!

解説＆実演

STEP2-G

スフィンクス

背中を丸められるようになったら、お腹に力を入れたまま体を反らせる練習をします。

10回

1 床にうつ伏せになる

床にうつ伏せになる。ひじ、手の平、恥骨で床を押して、お腹に力が入った状態になる。

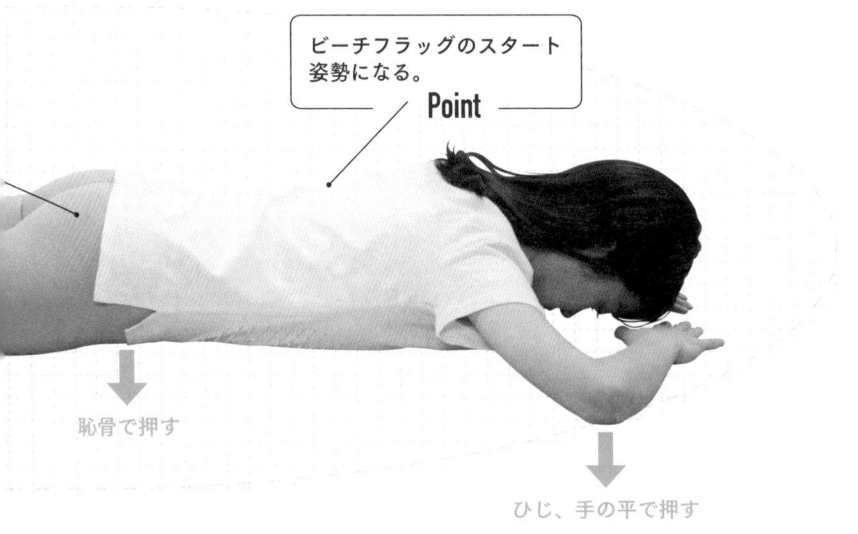

ビーチフラッグのスタート姿勢になる。
Point
恥骨で押す
ひじ、手の平で押す

2 ひじで床を押し、体を反らせる

ひじで床を押すことで体を反らせる。恥骨を床につけたまま、腰や背中の緊張が出ない範囲で行う。1～2をゆっくり10回くり返す。

Point
首を長く保ったまま床を押す。

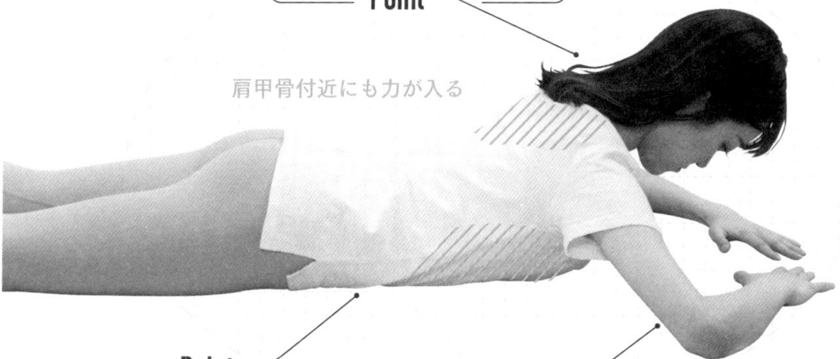

Point
反っているときもお腹の力が抜けないようにする。

Point
ひじでこれ以上押せないところまで押す。起き上がる距離は意識しないでOK。

NG
床をひじで押せていないとNG。

Point
恥骨で床を押すときに、お尻に力が入ってもOK。

こんなNGに注意

- ×床を押せてはいるが腰が緊張している
- ×ひじで押せていない
- ×お腹の力が抜けている

動画もCHECK!

解説＆実演

STEP2-H

座骨座り＆お尻歩き

股関節を使って左右に重心を移動させるエクササイズです。

10歩

1 座骨で床に座り、脚を伸ばす

脚を伸ばして座り、左右の座骨が床についているのを感じる。頭が骨盤の上にある状態にする。

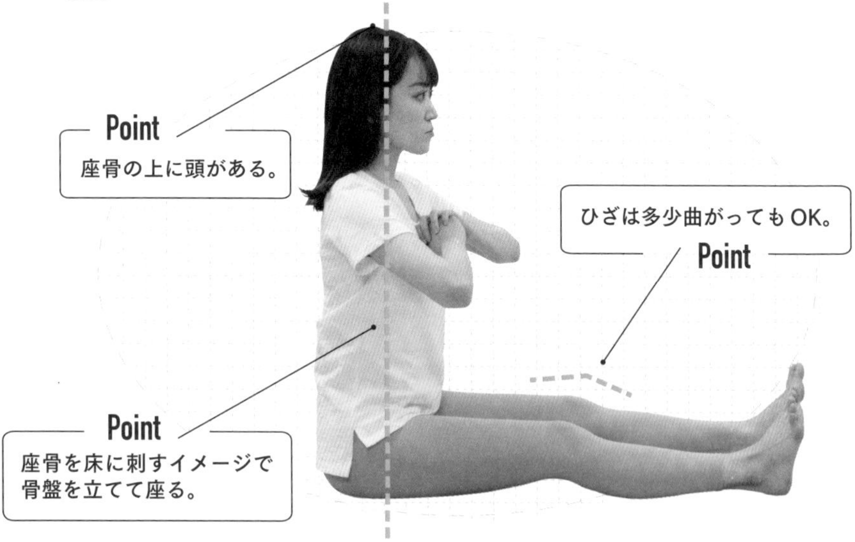

Point
座骨の上に頭がある。
ひざは多少曲がってもOK。
Point
Point
座骨を床に刺すイメージで骨盤を立てて座る。

2 右足を前に押し出し、左のお尻に重心を乗せる

右足を前に押し出し、左のお尻に重心を乗せる。重心を左に乗せるとき、おへそや顔も左を向く。

NG お腹の力が抜けると骨盤が傾き、重心が座骨に乗らないため、頭の位置がぶれてしまう。

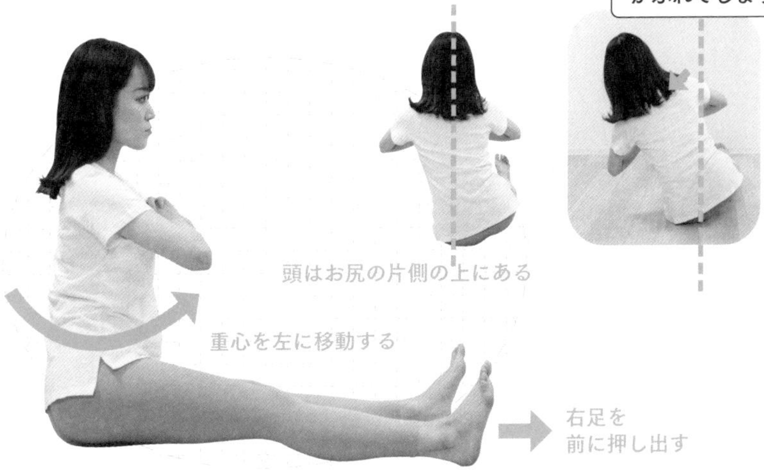
頭はお尻の片側の上にある
重心を左に移動する
右足を
前に押し出す

3 左足を前に押し出し、右のお尻に重心を乗せる

左足を前に押し出し、右のお尻に重心を乗せる。左右交互に体重を座骨の片側に乗せ、片足ずつ前に出し、1歩1歩丁寧に、左右各10歩進む。上手くできたら後ろに下がる動きも行う。

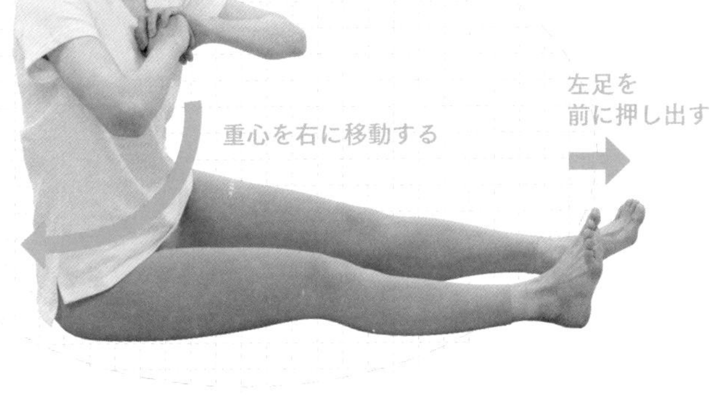
左足を
前に押し出す
重心を右に移動する

動画もCHECK!

解説＆実演

STEP2-1

お尻ストレッチ

左右の重心移動を行い、股関節を整えながらお尻の筋肉を伸ばすストレッチです。

左右×各30秒

1 体育座りになり、左側に重心を移動させる

まっすぐに座った体育座りの状態から、左側に重心を移動させる。

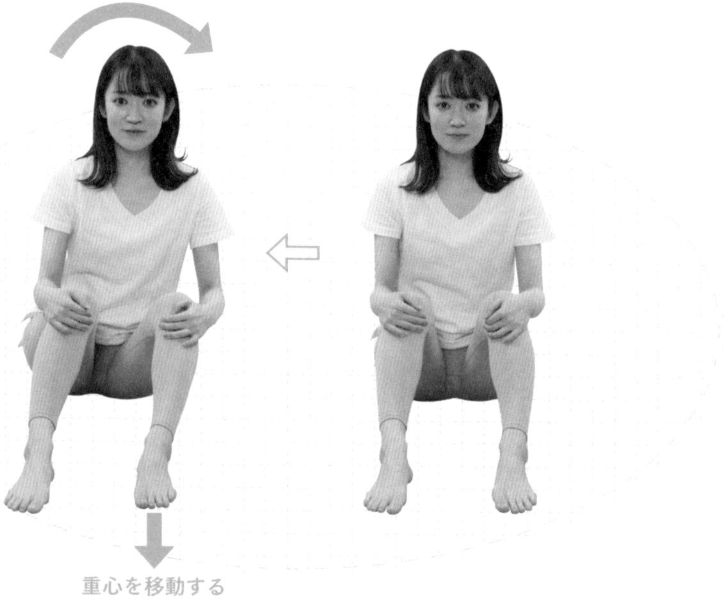

2 上半身を左に向けながら、ひざを倒す。両ひざを90度に曲げる

上半身を左にひねりながら、ひざを左に倒す。左のお尻に体重が乗っている状態で右足を後ろに引き、両ひざを90度に曲げる。

3 上半身を倒し、両ひじで床を押しながら深呼吸

おへそを床に近づけるイメージで骨盤ごと上半身を倒す。両ひじで床を押して、お尻の伸びを感じながら30秒ほど深呼吸。逆再生の動きで体育座りの姿勢に戻ったら反対側も同様に行う。

Point

お尻の伸びを感じたら、骨盤の傾きを保ったまま息を吸って吐きながら脱力する。お腹の力が抜けて腰が丸くなるとお尻がストレッチできなくなるので注意。

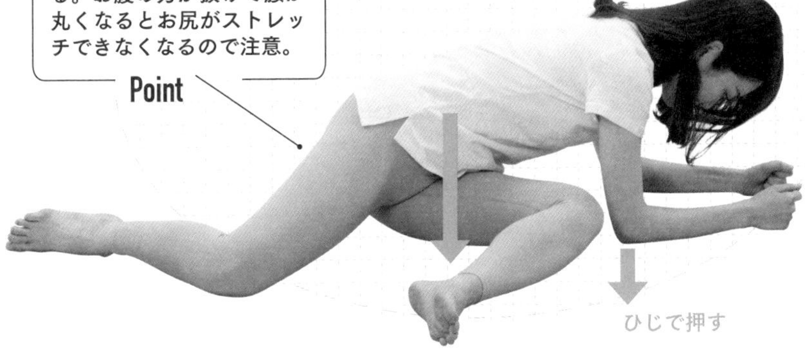

STEP3
全身を繋げるメニュー

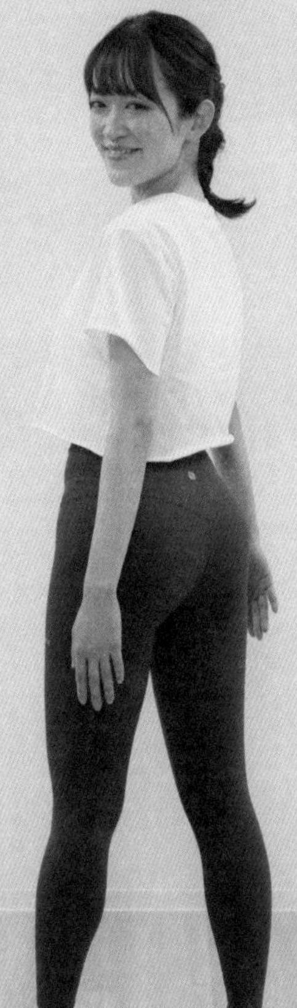

よつばいや片ひざ立ちなど、さまざまな姿勢で体を動かし、
正しい体の使い方のパターンを増やしていきます。
STEP3 を習得すると、姿勢を意識しなくても
あなたにとっての理想的な立ち姿勢に近づきます。

ポイントは、足裏、手の平、ひじなど、
床や壁と接する部位でしっかりと押すことです。
上手く床や壁を押せると、自然とお腹に力が入り、
肩や腰、前ももなどの緊張の少ない動作ができます。

STEP3 をすべて行うと、20 分ほどかかります。
メニューは好きなものから行ってください。
何回でも楽にできるようになった種目は卒業して OK です。
上手くできているか自信がない、
回数をくり返すとフォームが崩れてしまう種目は、
ルーティンに加えて練習しましょう。
一直線ストレッチ（P88）、片ひざ立ちローテーション（P92）、
壁ドンエクササイズ（P94）を習慣化することをおすすめします。

骨がそろって体が整うと、
歩くときに「足が地面に刺さっている」と感じられるはずです。

動画もCHECK!

解説＆実演

STEP3-A

背中丸めヒップリフト

壁ヒップリフト（P62）の応用種目です。背骨をひとつずつ動かすことを目指しましょう。

5回

1 仰向けに寝て、ひざを立てる

仰向けに寝た状態でひざを立てる。後頭部、首の付け根、仙骨で床を感じ、足裏で地面を押す。

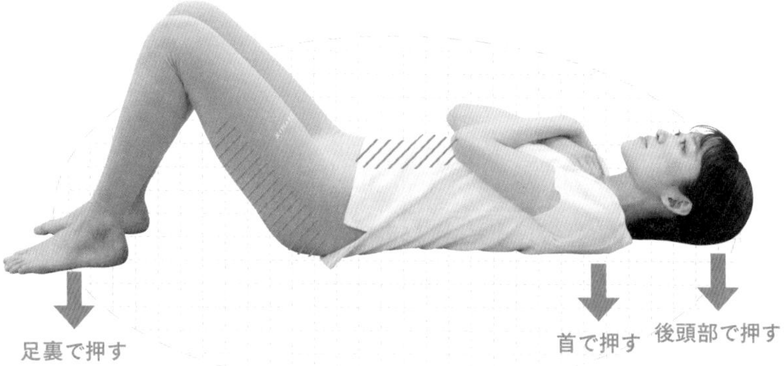

2 息を吐きながら、背骨をひとつずつ浮かせるようにお尻を上げる

息を吐きながら、床を足で押す力を使い、腰から背骨をひとつずつ浮かせるようにお尻を上げる。

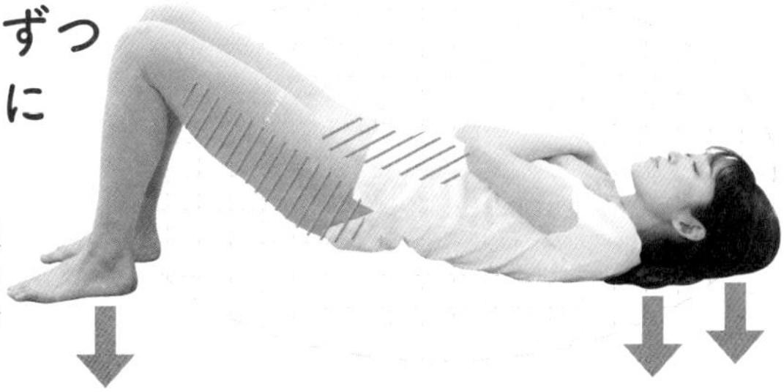

床を押す力でお尻を浮かせる

3 息を吸いなおして、吐きながらお尻を下げる

息を吐ききったら息を吸いなおし、吐きながら浮かせた背骨をひとつずつ戻すようにお尻を下げる。

NG お腹の力が抜けると背中が反り、腰や前ももが緊張しやすくなる。

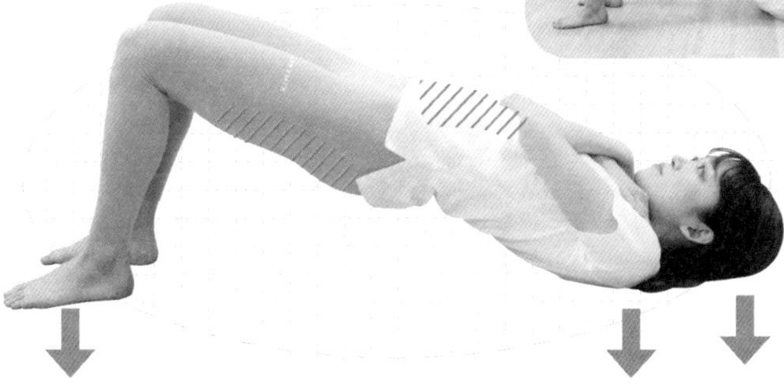

押す力をコントロール

4 1の姿勢に戻る

1の姿勢に戻り、1～4の動きをゆっくり丁寧に5回行う。

できなかった人の練習メニュー

・キャットバック（P68）

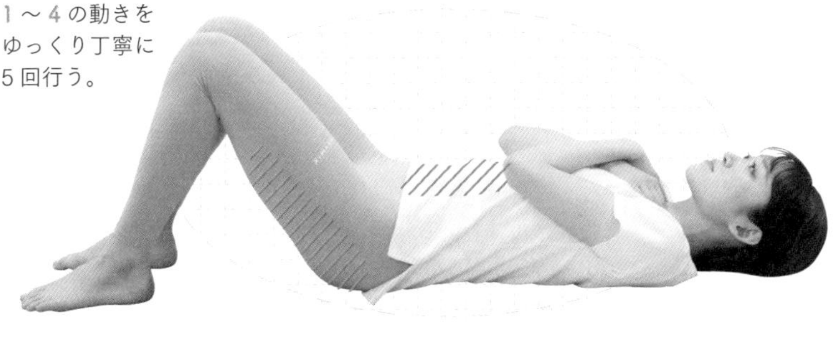

動画もCHECK!

解説 & 実演

STEP3-B

リバース スクワット

体幹を安定させたまま股関節を動かす練習です。スクワットの動作改善にも繋がります。

10回

1 床によつばいになり、腕とひざで床を押す

よつばいになり、手とひざの4点で床を押す。腕は長く、ひざを床に突き刺すイメージで押すと反り腰にならずに背中全体が丸くなり、腹筋に力が入った状態になる。肩はすくめずに首を長くする。

首を長くする
つま先を立ててもOK。
Point
ひざを床に刺すイメージで押す
指先まで含めた手の平全体で押す

2 押す力をキープしたまま、お尻を後ろに引く

手の平全体、ひざの4点で床を押したまま、お尻を後ろに引き、1の状態に戻る。1～2の動きを10回行う。

NG

手で床を押す力が抜けると、お腹の力も抜け、股関節が曲げにくくなるのでNG。

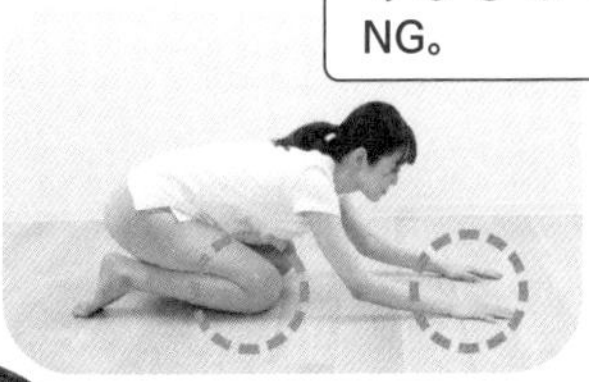

Point

お腹の力が抜けないようにする。

押す
手の平全体で押す

できなかった人の練習メニュー

・スフィンクス（P70）

Point

上手く動作できると、お尻の筋肉が使われているのが感じられる。

ひざを床に刺すイメージで押し続ける
手の平全体で押す

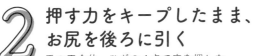

動画もCHECK!

解説 & 実演

STEP3-C

クロスパターンプランク

対角の片手と片脚で体を支えるトレーニングです。腕でしっかり地面を押せると体幹が安定します。

10回

1 床によつばいになり、腕とひざで床を押す

よつばいになり、手とひざの4点で床を押す。腕は長く、ひざを床に突き刺すイメージで押すと反り腰にならずに背中全体が丸くなり、腹筋に力が入った状態になる。肩はすくめずに首を長くする。

ひざを床に刺すイメージで押す
指先まで含めた手の平全体で押す

2 床を押し、お腹に力を入れたまま右腕と左脚を伸ばし、戻す

左手、右ひざの2点で床を押して、お腹に力が入った状態をキープして、右腕と左脚を伸ばす。1の状態に戻る。

できれば腕と足が
一直線になるように伸ばす
ひざを床に刺す
イメージで押す
手の平全体で押す

NG 腕やひざで床を押す力が抜けると、お腹の力も抜けて、腰が反ってしまう。

3 反対側も同様に行う

反対側も同様に行い、1の状態に戻る。1～3の動きを10回行う。体幹の安定が最優先。腰が反ってしまう場合は、腕だけまたは脚だけを上げてもよい。

脚を浮かせるときに骨盤が傾きやすいので注意。
Point
ひざを床に刺すイメージで押す
手の平全体で押す

動画もCHECK!

解説 & 実演

STEP3-D

ダウンドッグ＆スワン

腕と足で床を押したまま重心を前後に動かす練習をします。上半身のトレーニングとしてもおすすめの種目です。

5回

1 両手と両足で床を押し、お尻を上げる

両手と両足の４点で床を押し、お尻を上げる。重心は足に集まっている。

重心がかかる

押す

2 体重を足から腕に移動させる

フッと息を吐いてお腹に力を入れ、体重を腕に移動させる。

重心を足から腕に移動させる。
Point
Point
頭からかかとまで一直線にしていく。
押す
押す

こんなNGに注意

×手の平で床を押せず、肩甲骨が浮き出てしまう
×床が押せていない
×お腹の力が抜けて腰が反ってしまう
×肩が上がり、首を長く保てていない

できなかった人の練習メニュー

・キャットバック（P68）
・スフィンクス（P70）

3 頭からかかとまで一直線になる

2 の動きの流れで、頭からかかとまで一直線になる。耳と肩の距離を遠くして首を長く保ち、お腹に力を入れたまま腕で床を押し続ける。

NG 腕で床を押せないとお腹の力が抜けて腰が反ってしまう。

Point 重心を足から腕に移動させる。

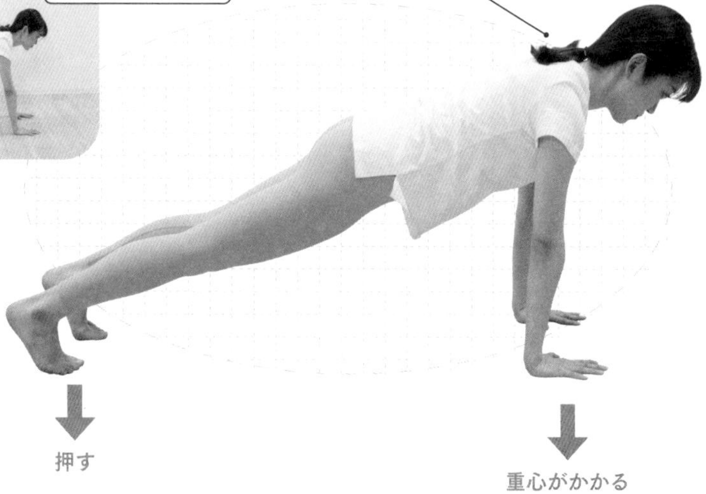
押す
重心がかかる

4 全身を反らせる

3 の動きの流れで、頭からかかとを繋げたまま、全身を反らせる。腹筋の伸びを感じられたら OK。

重心がかかる
押す

5 腕で床を押し返して、背中を丸める

1の姿勢に戻るため、腕で床を押し返す。

Point

床を押すことで背中が丸くなる。

6 1の姿勢に戻る

1の姿勢に戻り、1～6を5回くり返す。

Point

腰の緊張を感じたら①からやり直す。

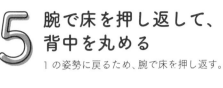

動画もCHECK!

解説 & 実演

STEP3-E

一直線ストレッチ

足から腕まで全身の骨を一直線にそろえ、軸を整えるメニューです。

左右×各1回

1 両脚を伸ばして床に座る。右足を前に押し出し、左のお尻に重心を乗せる

両脚を伸ばし、座骨で床を押すイメージで座る。頭が座骨の上にある状態にする。右足を前に押し出し、左のお尻に重心を乗せる。骨盤ごと上半身がやや左を向く。

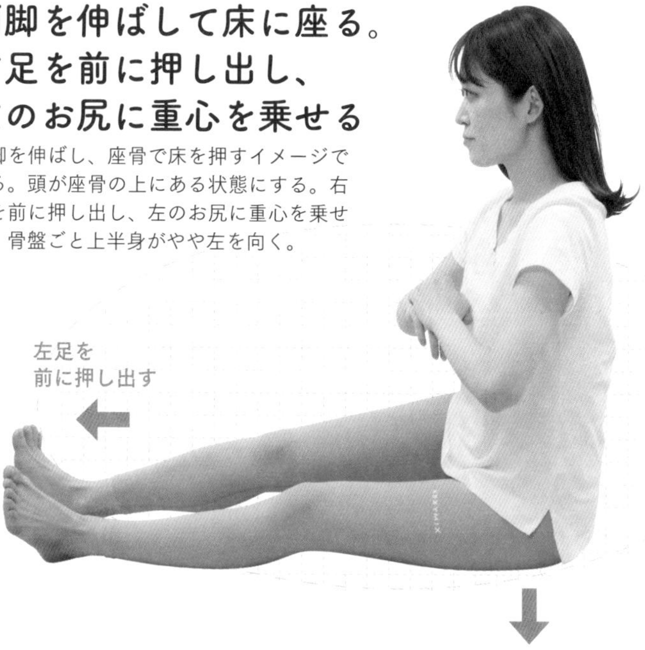

2 重心をキープしたまま、右脚を曲げる

1の重心をキープしたまま、右脚を後ろに曲げる。

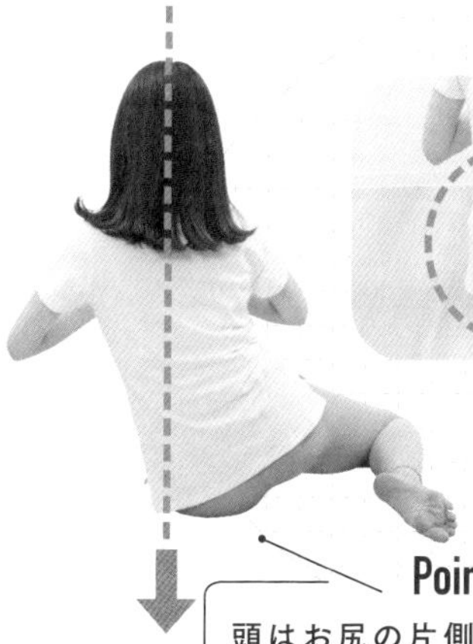

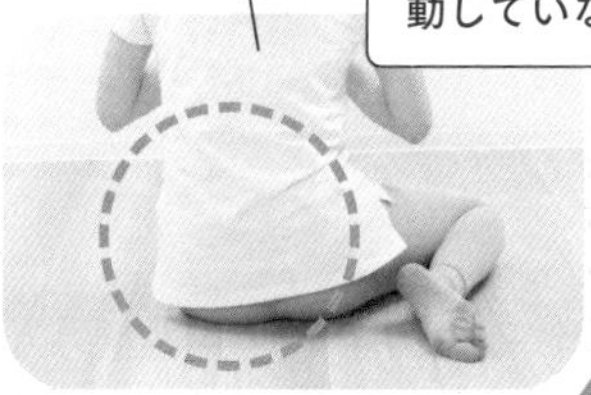

NG 重心が左のお尻に移動していないとNG。

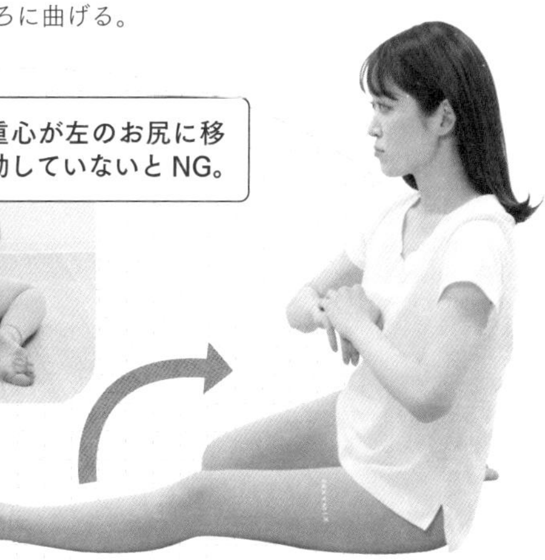

Point

頭はお尻の片側の上にある。

3 骨盤ごと上半身を左に回転させ、ひじで体を支える

骨盤ごと上半身を左に回転させ、ひじで体を支える。ひじの位置は左足の延長線上になる。(右手も床についてOK)

Point

ひじの位置は左足の延長線上。

4 足から腕まで、一直線をつくってリラックス

腕で床を押しながらゆっくり上半身を倒し、足から腕まで一直線に伸ばす。そのまま呼吸をしながら30秒リラックス。

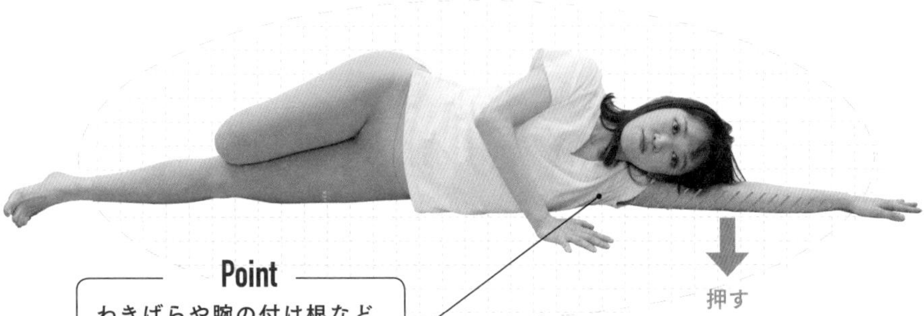

Point

わきばらや腕の付け根など、ふだん上手く使えていない部分の伸びを感じやすい。

5 右手で床を押しながら、上半身を起こす

右手で床を押しながら、逆再生の動きで3の姿勢に戻す。

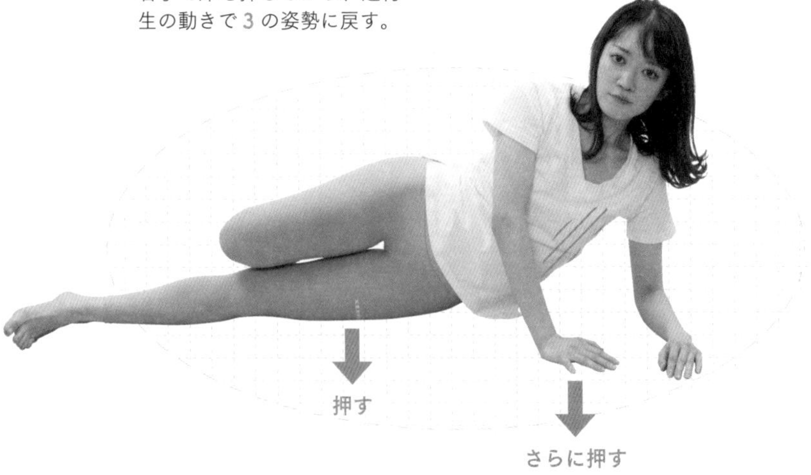

6 上半身を起こして左のお尻で体を支える

上半身を起こしたら、左のお尻で体を支えたまま右脚を伸ばして1の姿勢に戻す。

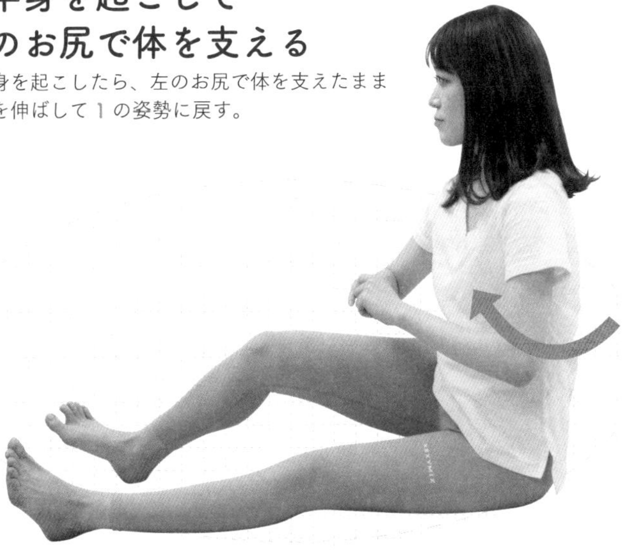

7 重心を中心に戻し、おへそと顔を正面に向ける

頭が骨盤の上にある状態に戻す。
反対側も同様に行う。

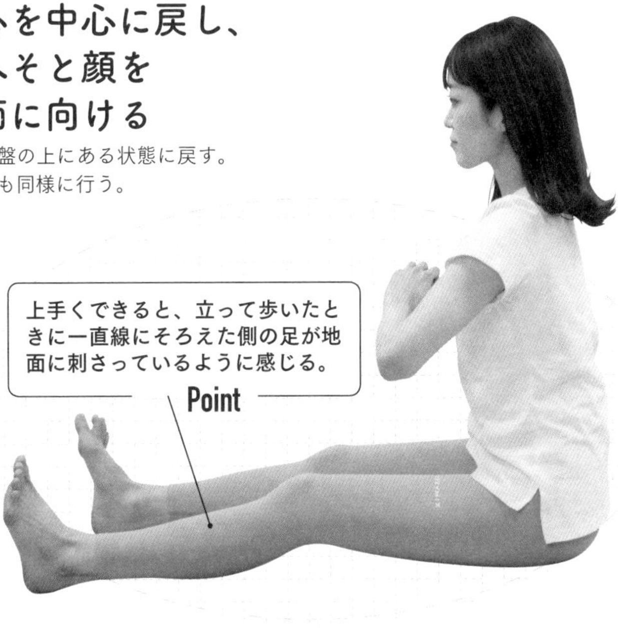

上手くできると、立って歩いたときに一直線にそろえた側の足が地面に刺さっているように感じる。

Point

動画もCHECK!

解説 & 実演

STEP3-F

片ひざ立ち ローテーション

足裏、股関節、体幹を繋げ、まっすぐ地面を押しながらバランスをとる練習をします。

左右×各5回

1 片ひざ立ちになり、両手を前に伸ばして親指を立てる

ひざ立ちの姿勢から右足を前に出して片ひざ立ちになり、右足と左ひざの２点で体を支える。両手を前に伸ばして親指を立てる。

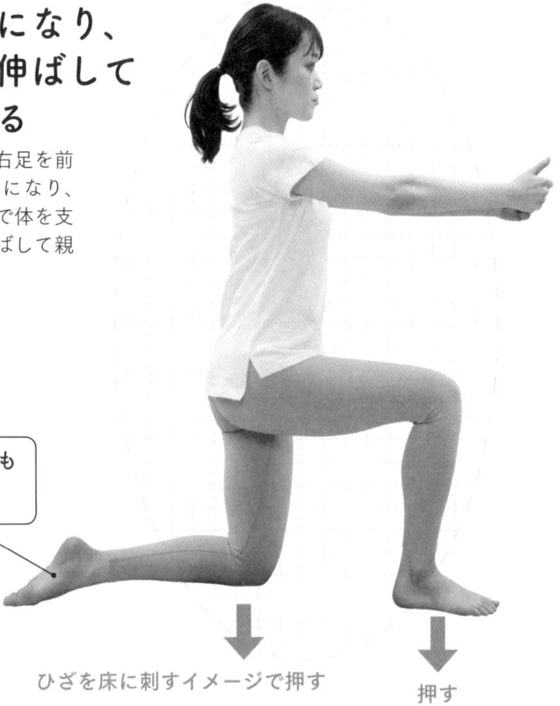

Point
つま先は立ててもOK。

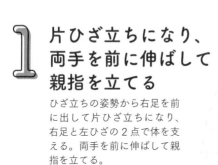

2 両腕を一直線に広げ、目線は親指を追いかける

右脚のひざの向きを正面に保ったまま、骨盤から上半身を右にひねる。視界に右手の親指を捉えたままひねり、両腕を一直線にそろえる。体幹主導で行うので、難しい場合は一直線にならなくてもよい。

Point

一直線になるまでひねるのが難しい場合は、やじろべえストレッチ（P64）を先に行う。

3 1の姿勢に戻る

1の姿勢に戻り、バランスをとりながら5回くり返す。反対側も同様に行う。

できなかった人の練習メニュー

- やじろべえストレッチ（P64）
- お尻ストレッチ（P74）
- クロスパターンプランク（P82）

動画もCHECK!

解説 & 実演

STEP3-G

壁ドン エクササイズ

頭からかかとまで一直線をキープした立ち姿勢のまま、重心を前に移動させる練習です。

10回

1 壁から 1.5 ～ 2 歩離れて立ち、足裏で地面を感じる

壁から 1.5 ～ 2 歩離れて立ち、手の平を壁に向ける。
足全体で床を踏む。

Point

倒れる動きで不安を感じる場合は、壁に近い立ち位置で行う。

2 足指で床を押しながら全身を前に倒し、壁に手をつく

頭から足までまっすぐの姿勢をキープしたまま、体を前に倒して壁に手をつく。腕立て伏せのイメージで壁を押し返して、1 の姿勢に戻る。1 ～ 2 の姿勢を 10 回くり返す。

かかとは浮いても OK。足指で床を押せているとお腹に力が入り、安定した姿勢を保てる。

Point

NG お腹の力が抜けていると腰が反り、足指で床を押せなくなる。

できなかった人の練習メニュー

- 背中丸めヒップリフト（P78）
- ダウンドッグ＆スワン（P84）
- UFO（P98）

STEP4

地球を踏むメニュー

STEP4 では、立って行うエクササイズを通じて
「地球を踏む」「床や地面を押す」動作パターンを習得します。

スクワットは下半身の筋肉を鍛える種目としても行われますが、
本書での目的は動作改善です。
私たちが日常的に行っている「しゃがむ」「立ち上がる」の効率的な動作を、
3 種類のスクワットで学習します。

STEP4 で大切なのは、まず「地球を押す」動きをイメージすることです。
ひざや股関節、お尻の筋肉など、体の内部を意識するのではなく、
「地球と私」が引き合いながら押し合っている状態を想像しましょう。
目指す効率的な動作とは、「地球を押した結果、体が動く」動作です。
足裏を通じて全身で地球を感じ、
どんな体勢でも安定した姿勢を保てるコンディションをつくりましょう。

STEP4 のメニューは、できるようになれば卒業して OK ですが、
習得するまでは生活の一部に取り入れてみてください。
今までお腹の力が抜けていた人にとっては、
正しい姿勢を保つだけで体幹のトレーニングになります。
立っているとき、座っているときなど、気がついたら姿勢をつくり直し、
「よい姿勢の方が楽」だと感じられる状態を目指しましょう。

動画もCHECK!

解説 & 実演

STEP4-A

UFO

重力を感じながら、足指で地球を押すメニューです。

5回

1 足幅はこぶし1個分あけ、まっすぐ立つ

足裏で床を感じながら、地球に対して垂直に立っていることを感じる。

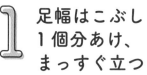

2 足の指で床を押し、体が持ち上がってかかとが上がる

頭上の UFO に連れ去られるイメージで、足指で床を押して上に伸びる。ゆっくりかかとを床につけて 1 の姿勢に戻る。ふらつく場合は壁に手をついても OK。これを 5 回行う。

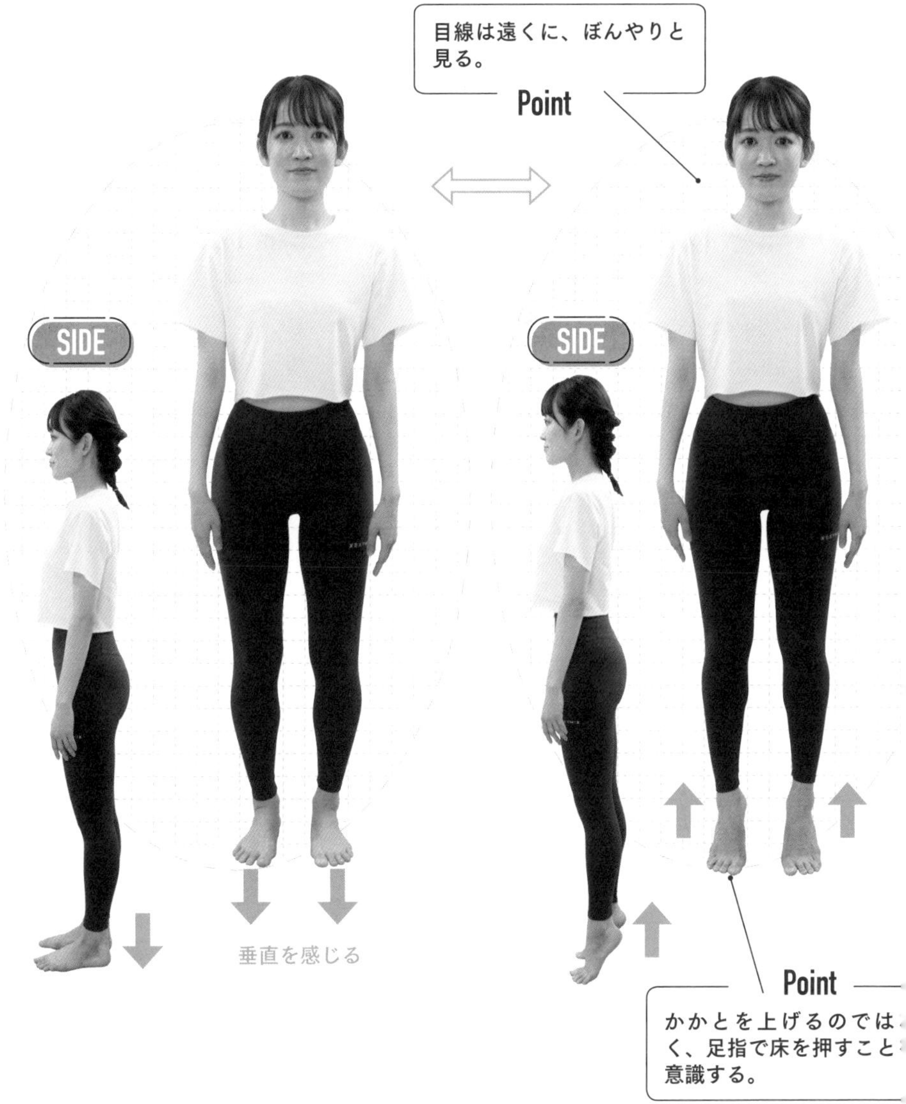
目線は遠くに、ぼんやりと見る。
Point
SIDE
SIDE
垂直を感じる
Point
かかとを上げるのでは
く、足指で床を押すこと
意識する。

STEP4-B

センターライズ

動画もCHECK!

解説＆実演

立ち姿勢で歩行動作の練習をします。手の動きに惑わされず、全身を連動させるのがコツです。

10回

1 手の平を胸の位置で合わせて立つ

足幅はこぶし1個分あけて立つ。足裏で床を感じながら、地球に対して垂直に立っていることを感じる。

2 手の平を、体の中心線に合わせながら右腕を真上に伸ばす

両手の平で体の中心線を感じながら、右腕を上に伸ばす。体幹が自然と左に回転して、手がいちばん高い位置になったら 1 の姿勢に戻る。

Point
体の中心を軸にしてひねることで、手はいちばん高い位置になる。

Point
下に伸ばす手の平も、できるだけ体の中心線にそろえる。

3 足裏で床を押しながら左腕を上に伸ばし、上半身を右に回転させる

体の中心線を通りながら左腕を上に伸ばし、上半身を右に回転させる。左右交互に 10 回行う。

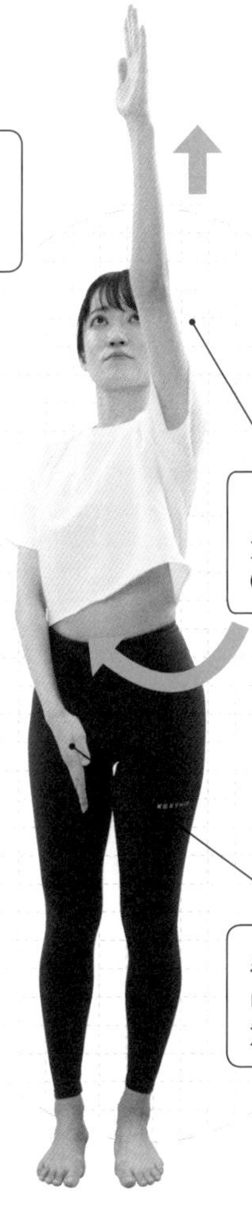

Point
目線は意識しないでOK。

Point
手の平は常に体の中心線にそろえる意識を持つ。

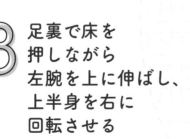

動画もCHECK!

解説＆実演

STEP4-C

地球を踏む

足を床につけたままジャンプ動作をします。全身を使って「地球を押す」感覚を獲得しましょう。

5回

1 腰幅で立ち、足裏で床を感じる

腕を振ってもぶつけない広いスペースに腰幅で立つ。「これから地球を押す」という気持ちで小さく足踏みして、足裏を床に対して垂直につける。腕を振るときにお腹の力が抜けていると腰が反ってしまうので、フッと息を吐いてお腹に力を入れる。

Point

足裏は床と体の唯一の接点。1回ずつ足裏は床にセットし直す。

2 足裏で地面を感じながらしゃがみ、力を溜める

全力で垂直飛びするときの溜めをつくるイメージで、腕を後ろに振りながらしゃがむ。上半身は自然と前傾する。

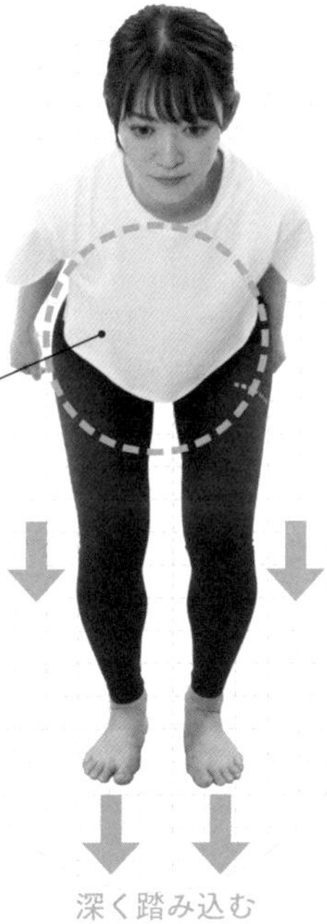

Point

腕を大きく振るときに、お腹に負荷がかかる。お腹の力が抜けていると、腕を大きく振ることができない。

Point

床を足裏で押した力を腕に伝えるイメージで、大きく振る。

3 溜めた力を使って地球を押す

2 で溜めた力を一気に放出するつもりで地球を押し、立ち上がる。足裏はつけたまま、腕は大きく振る。

Point

腕を振る力も最大限使って地球を押す。

STEP4-D

立ち姿勢

立ち姿勢には、あなたの今のコンディションが表れています。正しい姿勢で立つと、自然とお腹に力が入った状態になります。上手く立てているか各ポイントをチェックしましょう。

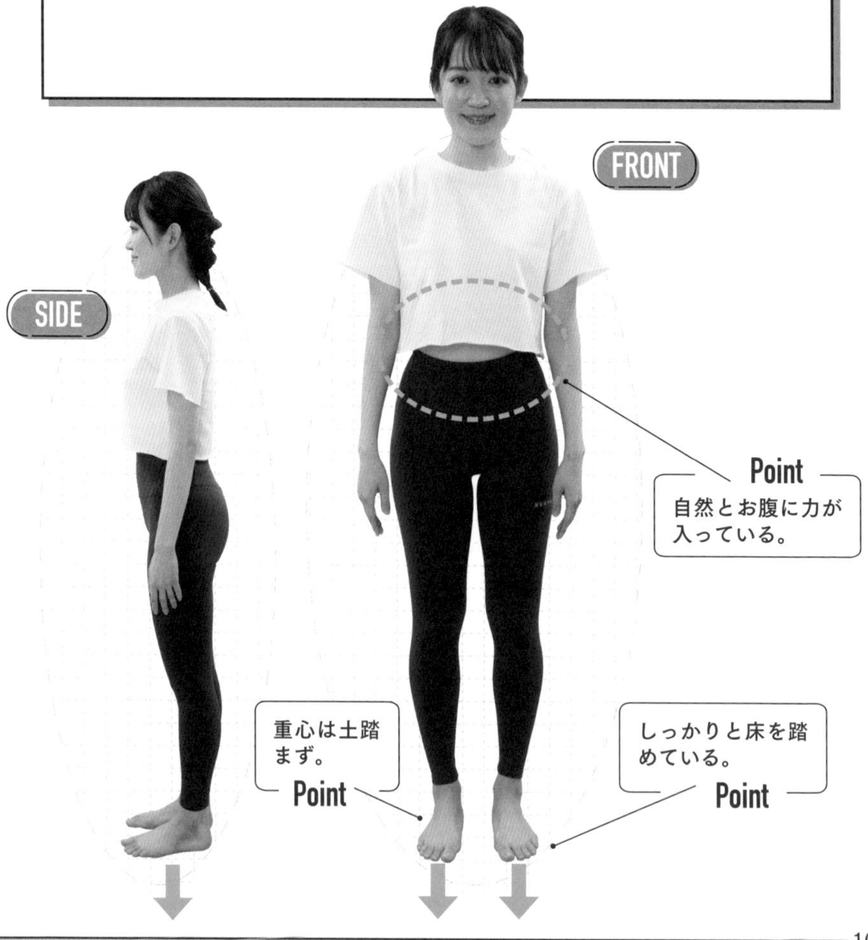

FRONT
SIDE
Point
自然とお腹に力が入っている。
重心は土踏まず。
Point
しっかりと床を踏めている。
Point

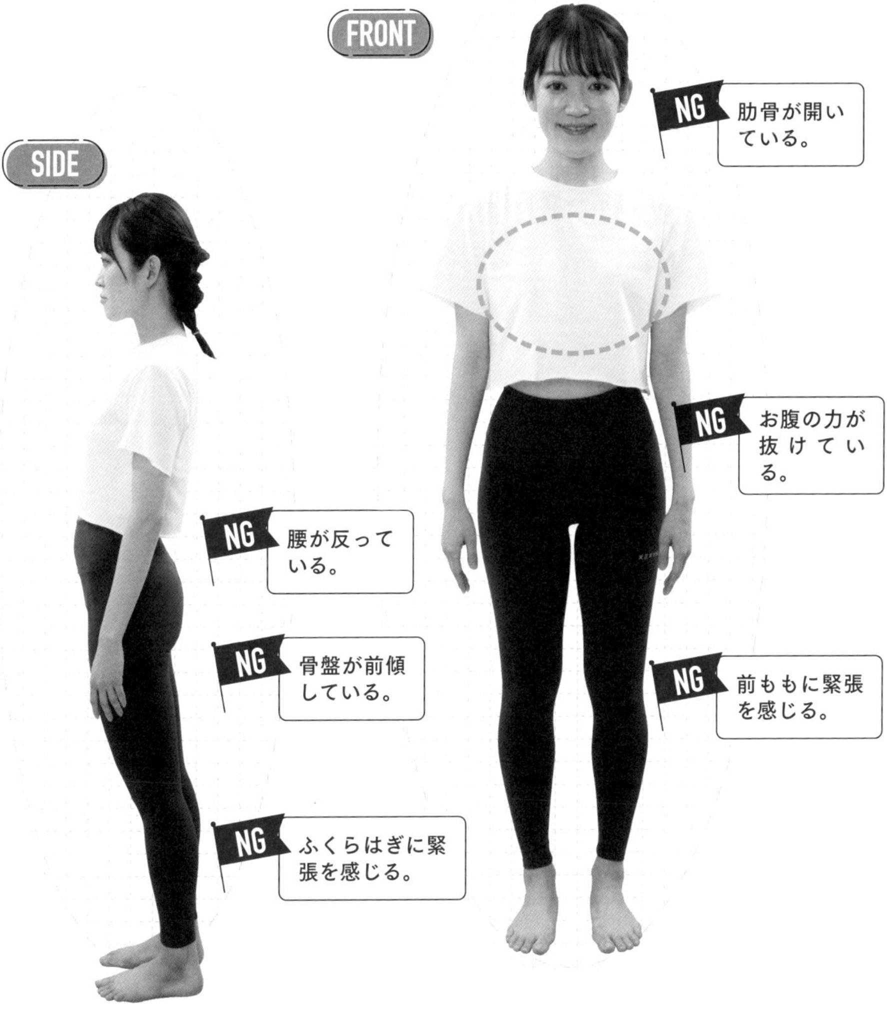
FRONT
NG 肋骨が開いている。
NG お腹の力が抜けている。
NG 前ももに緊張を感じる。
SIDE
NG 腰が反っている。
NG 骨盤が前傾している。
NG ふくらはぎに緊張を感じる。

立ち姿勢の極意

立ち姿勢は「意識してよくする」のではなく、自然とよい立ち姿勢になるように「コンディションを整える」ことが重要です。STEP1 ～ 4 のメニューに取り組み、コンディションが整うと自動的に「足が地面に刺さった」立ち姿勢になります。

STEP4-E

座り姿勢

正しい座り姿勢のコツは、「いつでも立ち上がれるように座っている」ことです。座骨だけでなく足裏でも地面を押しているため、頭も安定しています。

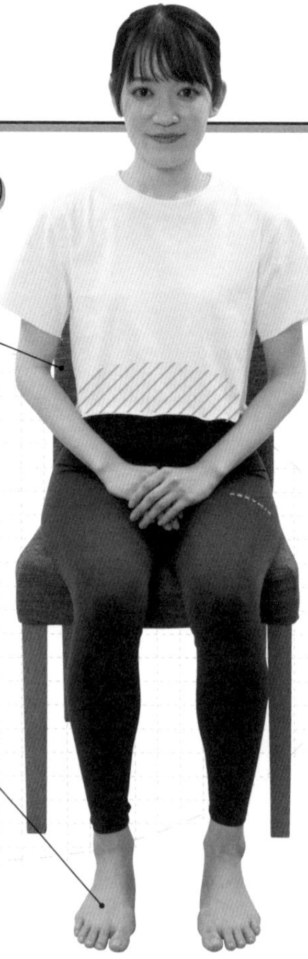

FRONT

Point
自然とお腹に力が入っている。

足が床についている。座面が高い場合は足の下に台を置くとよい。
Point

椅子に座るとき

椅子の前に立ち、お尻が座面につくまで足裏に体重を感じながらゆっくりしゃがむと正しい姿勢をつくりやすくなります。

Point
頭が骨盤の上にある。
SIDE
座骨が椅子の座面に垂直に刺さっているのを感じる。
Point
押している
押している

長時間座るとき

長時間座ると、どうしても姿勢が崩れてしまうため、30分に1回を目安に立ち上がり、座り姿勢をつくり直しましょう。

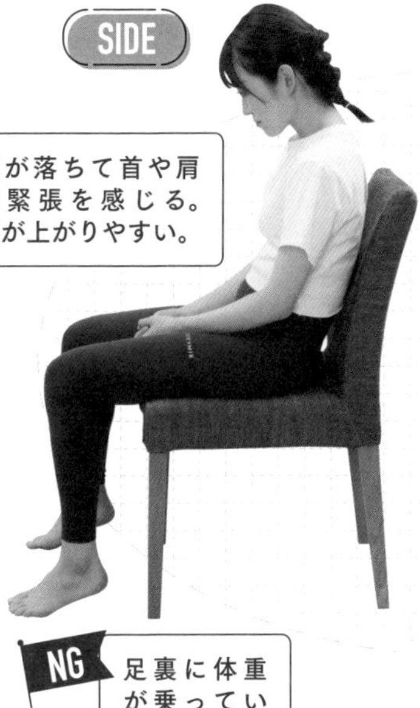
SIDE
NG
頭が落ちて首や肩に緊張を感じる。肩が上がりやすい。
NG
足裏に体重が乗っていない。

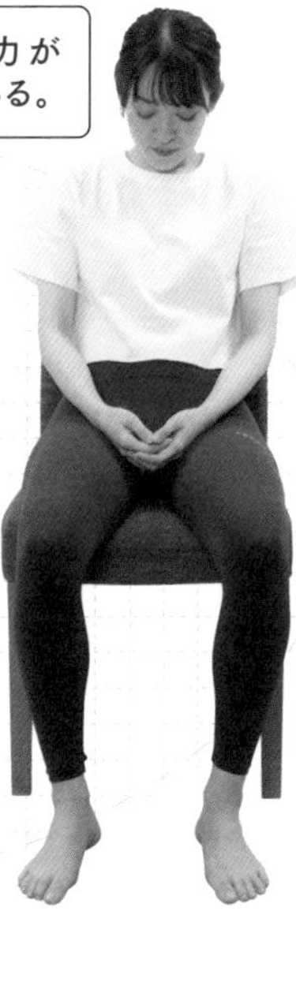
NG
お腹の力が抜けている。
FRONT

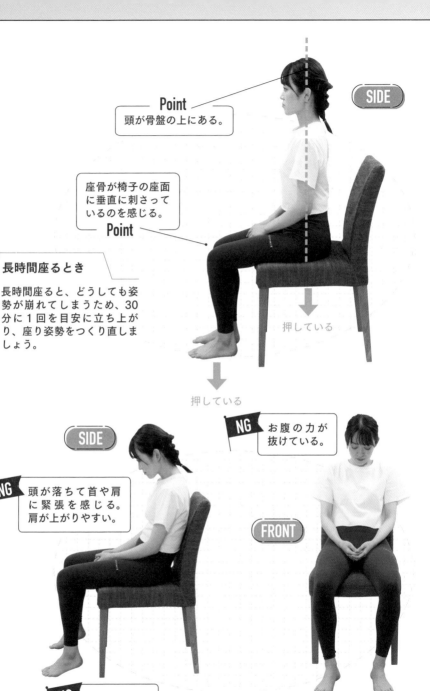

STEP4-F

寝姿勢

仰向けの姿勢では、後頭部、胸椎 12 番（みぞおちの裏あたり）、仙骨が床につきます。横向きで寝るときは、お腹と床に隙間ができているのが理想です。正しい姿勢で寝られると、息が吸いやすくなるはず。

仰向け

頭からかかとまで一直線になる。

Point

息を吸うたびに背中にも空気が入り、腰の隙間がせまくなる。

Point

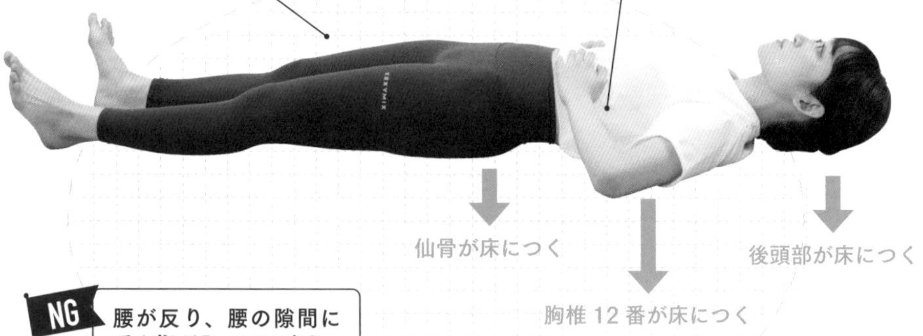

NG

腰が反り、腰の隙間に手や指が入ってしまう。

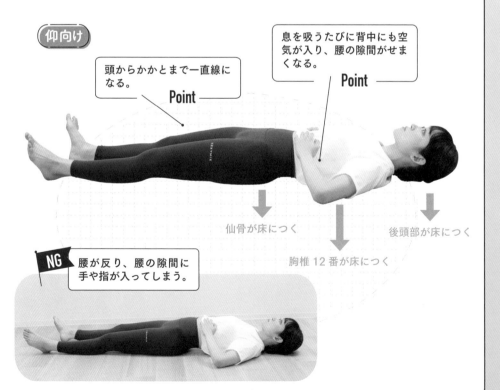

横向き

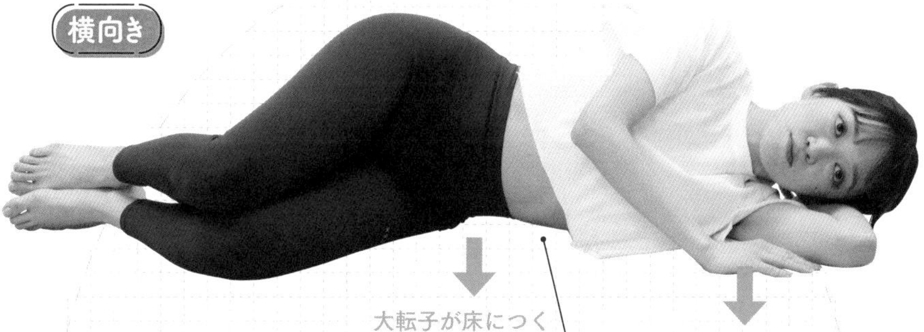

Point

自然とお腹に力が入っているため、お腹と床の隙間がほどよく空いている。

NG

お腹の力が抜けて、お腹と床の隙間が埋まっている。

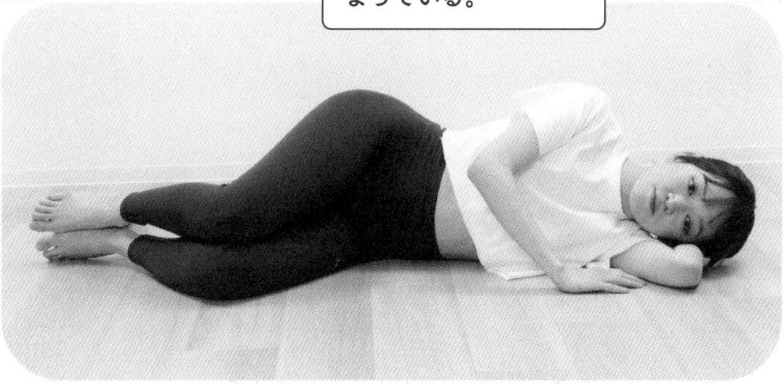

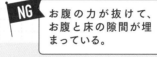

STEP4-G

壁 スクワット

\動画もCHECK!/

解説 & 実演

壁を使い、体幹を安定させたまましゃがむ動作を練習します。腹筋や前鋸筋（脇の下の筋肉）を活性化させるエクササイズです。

5回×3Set

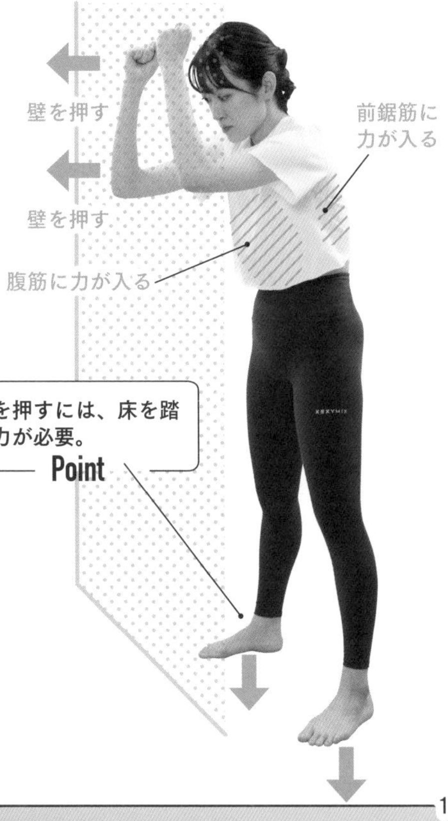

Point
壁を押すには、床を踏む力が必要。

1 寄りかからずに、ひじで壁を押す

壁から1歩離れて立ち、ひじで壁を押す。背中が丸くなり、腹筋と前鋸筋に力が入る。壁に寄りかかって体重をかけるとお腹の力が抜けるため、足でも床を押す。

2 壁を押して背中を丸く保ったまましゃがむ

壁を押して、背中を丸く保ったまままゆっくりしゃがみ始める。腹筋と前鋸筋が働き続けているのを感じる。

3 ひじで壁を押せる範囲でしゃがんで立つ

ひじで壁を押し続けて、背中の丸まった状態を保てる範囲でしゃがむ。逆再生の動きで立ち上がり、1の姿勢に戻る。1～3の動きを5回×3セット行う。

NG

壁を押せずにお腹の力が抜けると、背中が反ってしまう。

動画もCHECK!

解説 & 実演

STEP4-H

スクワット

毎日行っているしゃがみ動作を、脚に余計な負担がかからない動作にする練習です。お腹に力が入ったまま「地球を押す」感覚を身につけましょう。

10回 × 3Set

1 足幅を広げて立ち、腕を胸の前でクロスさせる

肩幅よりやや広い足幅で立ち、腕を胸の前でクロスさせる。足裏の３点（母指球、小指球、かかと）が床につき、ひざとつま先の向きは同じ方向で、左右に30度ずつ外を向く。しゃがみ始める瞬間に背中が反りやすいため、フッと息を吐いてお腹に力を入れておく。

NG 背中が反っている。

Point ひざとつま先の向きがそろっている。

Point 足裏の３点が床についていて、重心は土踏まずになる。小指側が浮いている人が多いので注意。

2 足裏で床を感じながらしゃがんで立つ

体幹を安定させたまま、足裏で床を感じながらしゃがむ。お腹の力が抜けないよう、しゃがむ前に息を吸い、吐きながらしゃがんで立つとよい。1～2の動きを10回×3セット行う。

Point
体幹が安定し、反ったり丸くなったりしない。

Point
縮んだバネが反発するように立ち上がる。

NG お腹の力が抜けて腰が丸くなっている。

こんなNGに注意

- ×腰が丸くなっている。または腰が反っている
- ×深くしゃがめない
- ×股関節や足首の動きに詰まりや引っかかりを感じる
- ×太ももの筋肉が過剰に使われている
- ×お尻や内ももの筋肉に刺激が入っていない
- ×足の小指が浮き、ひざが内側に向く
- ×あごが上がる

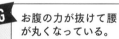

動画もCHECK!

解説 & 実演

STEP4-1

オーバーヘッドスクワット

バンザイをした状態で体幹を安定させるため、通常より難易度の高いスクワットです。ペットボトルなどの重りを持って行うのもおすすめです。

10回×3Set

1 足幅を広げて立ち、手の平に重りを乗せるイメージをする

肩幅よりやや広い足幅で立ち、肩の高さで手の平に重りを乗せるイメージをする。フッと息を吐いてお腹に力を入れておく。

Point

足裏の3点が床につき、重心は土踏まずになる。小指側が浮いている人が多いので注意。

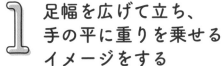

2 両腕を伸ばす

頭上に重りがあることをイメージして、両腕を上げる。

Point
頭上の重りをイメージする。

Point
重りをイメージしながらしゃがむ。

Point
動作中は足裏と手の平に意識を集中させて、全身を使って重りを押し上げるイメージで立ち上がる。

3 腕を伸ばしたまましゃがんで立つ

両腕を伸ばしたまま、足裏で床を感じながらしゃがむ。お腹の力が抜けないよう、しゃがむ前に息を吸い、吐きながらしゃがんで立つとよい。1～3の動きを10回×3セット行う。

STEP5

足指ウォーク

これまでのメニューを習得したら、あとは歩くだけです。
STEP4までをクリアしている人が歩けば、
自然と「足指ウォーク」になっているはず。
この段階で、習得するメニューはありません（おめでとうございます！）。

ポイントは、余計な意識を足さないことです。
腕を振る、かかとから着地する、股関節から歩くなど、
正しいとされる歩き方の説明はありますが、
これらはすべて歩き方を分析した「結果」。
歩くときは何も意識する必要はありません。
余計な意識を加えてしまうと、
理想とする「足指ウォーク」から、むしろ遠ざかってしまいます。

「足指ウォーク」の歩き方になっていない人は、
STEP1からSTEP4までにできていないメニューがありますので、
ぜひ復習してください。
また、靴の選び方（P120）と靴ひもの結び方（P123）もとても重要です。
歩きにくさを感じる人は、靴や靴ひももチェックしましょう。

大切なのは、正しい歩き方への意識ではなく、
正しく歩くためのコンディションを整えること。
姿勢が整い、正しい動作パターンを習得すれば、
自然と正しい歩き方になるのです。

動画もCHECK!

解説 & 実演

STEP5-A

足指ウォーク

歩き方は立ち姿勢と同じで、あなたの今のコンディションが表れます。何も意識せずに歩いてみて、「足指ウォーク」の特徴が当てはまっているかチェックしましょう。

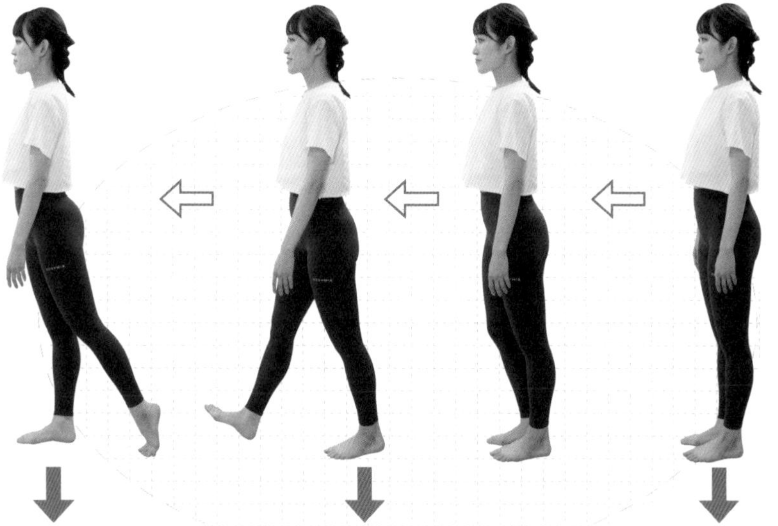

背中で息を吸い、
土踏まずが重心にくる

重心が前に移動して
足指に体重が乗る

左足で体重を感じる

前足が着地して
体重が乗る

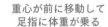

Point

「足指ウォーク」の特徴

- 自然とお腹に力が入っている
- 地面についている足が「刺さっている」感覚がある
- 足指で地面を押していると感じる
- 地面の反発を感じながらスイスイ進む
- 1歩目が体幹から進み、足から動いていない
- 自然な腕の振りで、前に進む力が生まれている
- 長時間歩いても、特定の部分が疲れることは少ない
- 平均台の上を歩けるくらい安定している

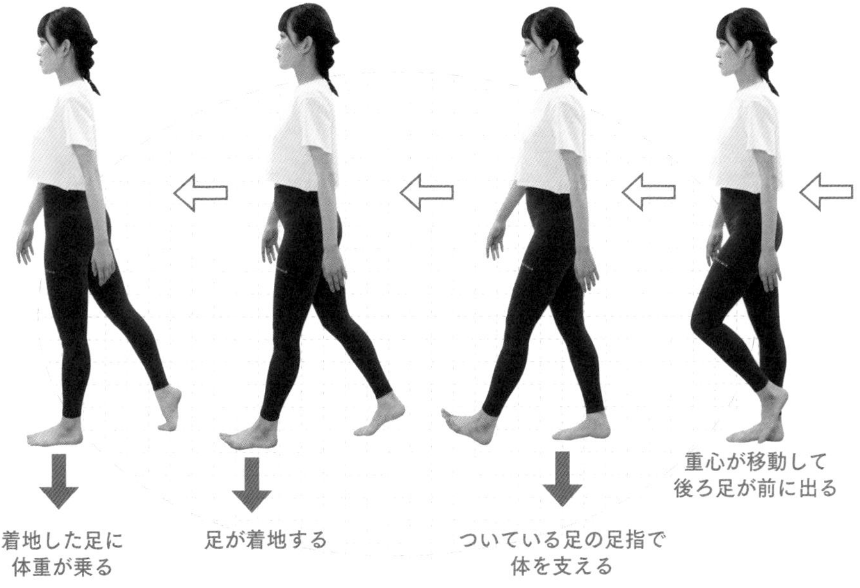
重心が移動して
後ろ足が前に出る
ついている足の足指で
体を支える
足が着地する
着地した足に
体重が乗る

足指ウォーク POINT

靴の選び方・履き方

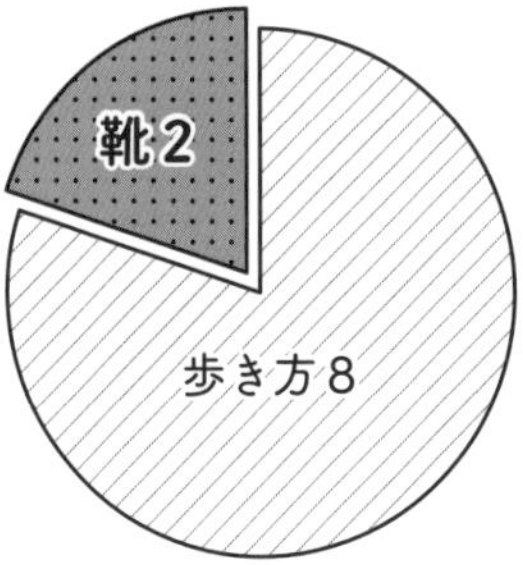

［足指ウォークの要素］

靴選びの重要性

「足指ウォーク」を習得すれば、これで終わり…ではありません。私たちがふだん歩いているときには、靴を履いています。たとえ素足の状態で正しく歩けていたとしても、自分に合った靴を正しく履いていないと、「足指ウォーク」の精度は落ちてしまうのです。重要視する割合としては、歩き方が8に対し、靴は2です。靴によって歩き方が左右されるといっても過言ではありません。

靴の要素

靴選び：インソール：靴の履き方＝4：4：2

靴選び

靴は主に足長（縦の長さ）でサイズが分けられていますが、メーカーや靴によって形や素材はさまざま。自分の足に合った靴を選ぶポイントがそれぞれあります。

インソール

インソールは、靴の中で足を安定させるためのアイテム。バランスを維持する機能を高め、体幹を安定させます。取り外し可能な靴の場合、カスタマイズが可能です。

靴の履き方

靴の履き方によって、靴と足の密着度合いが変わり、歩きやすさが大きく変わります。見直すだけで今日から変えられるポイントのひとつです。

スポーツ用品店のシューズなら間違いない？

有名なスポーツ用品店でも、靴底が厚すぎて曲がらない、かかとを包む部分がペラペラでぐにゃぐにゃといった「デザイン重視」の靴も数多くあります。「人気のメーカーだから」という理由だけで決めるのは注意しましょう。

よくあるNG習慣

靴を購入するときに試し履きをしない

靴を購入するときは、必ず試し履きをしましょう。シューフィッターさんに相談して購入するのもおすすめです。店頭に3次元足形計測機があり、その場で足のサイズに合う靴を探すことができるメーカーもあります。

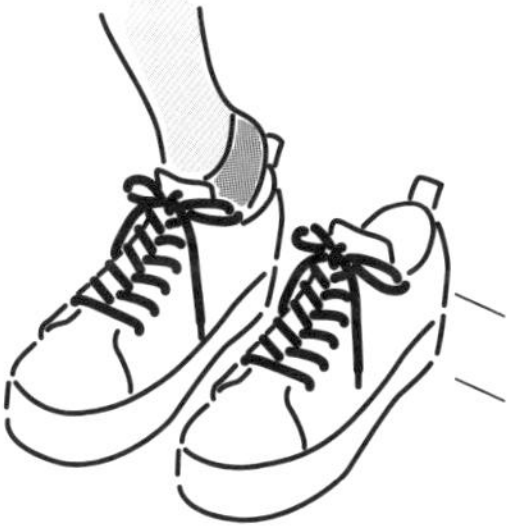

いつも靴ひもを結びっぱなしにしている

多くの人が靴ひもを結びっぱなしにしていますが、ひもをほどかないと靴が脱げないくらいの状態が正解です。「靴の履き方&靴ひもの結び方」（P123）をチェックし、靴を脱ぐたびにひもをほどく習慣をつけましょう。

靴がぶかぶかで、かかとがパタパタ浮く

かかとは歩くときに足の中でいちばん初めに接地する部分です。かかとが靴と一体化していないと、安定した姿勢を保てなくなります。試し履きの際にサイズが合っているか必ずチェックしましょう。

つま先が痛い靴をがまんして履いている

指が圧迫される靴を履き続けていると、外反母趾や内反小趾など、足の関節が徐々に変形する恐れがあります。自分に合う靴を選んで履き、STEP1の足の整えメニューを重点的に行いましょう。

靴の選び方

ヒールのある靴

ヒールのある靴は地面を足指で押して歩くことが難しいので、サイズをシビアに見ます。足長（縦の長さ）、足囲（足の横の周囲の長さ）が合う靴を探しましょう。足先の形にいくつかの種類がありますが、共通して、足先はぶかぶかすぎず、圧迫されないものが理想です。痛くならない、疲れないものを選びましょう。
また、試着では歩く前に、まっすぐ地面に立てているか確認しましょう。かかとに体重が乗り、地面をまっすぐ踏んでいる状態がつくれると、ヒールでもエレガントに歩くことができます。

選び方 POINT

- 足長と足囲が合っている
- つま先がぶかぶかでない、圧迫されていない
- かかとに体重が乗り、まっすぐ立てる
- 歩いているときにかかとがずれない

ウォーキングシューズ

ポイントは、足が安定するウォーキングシューズを選ぶことです。ヒールカウンター（かかとを包み込む部分）、アウトソール（地面と接する靴底の部分）、足を包み込む部分のすべてがフィットしていることが大切です。また、ヒールカウンターがペラペラではない、持ったときにテニスボールくらいの弾力があるものが望ましいです。歩くときに足指を使うため、靴底の曲がる場所と足指の曲がる場所が一致していることも歩きやすさに繋がります。さまざまな靴を試して、足に合った歩きやすい靴を見つけましょう。

選び方 POINT

- 足長だけでなく横幅も合っている
- かかとが包み込まれている感覚がある
- 歩くときに靴底が足指と同じように曲がる
- アウトソールがねじれにくい

体幹安定メニューと足裏のサポートとしておすすめ！インソール

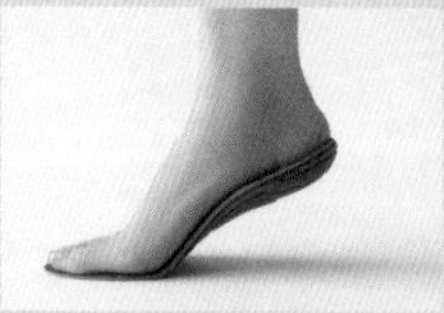

体幹が不安定なために、足首が内側に傾いて土踏まずが落ちてしまう人も見られますが、そもそも足首の関節がゆるくて不安定な方は、体幹を安定させてもまっすぐに地面を押せません。そのため、体幹安定メニューと同時に、足を安定させるためのツールとしてインソールをおすすめしています。

おすすめインソール　**HOCOH**　https://hocoh-insole.com
スマホで撮影した足の写真で、高品質オーダーメイドのインソールをつくることができる。

動画もCHECK!

解説 & 実演

靴の履き方

しっかりと結びなおした靴と、いつも結びっぱなしの靴では、歩きやすさが驚くほど変わります！サロンのお客様たちも「同じ靴とは思えない！」と驚くほどです。だまされたと思って靴ひもを結び直してください。

靴ひもの結び方

1

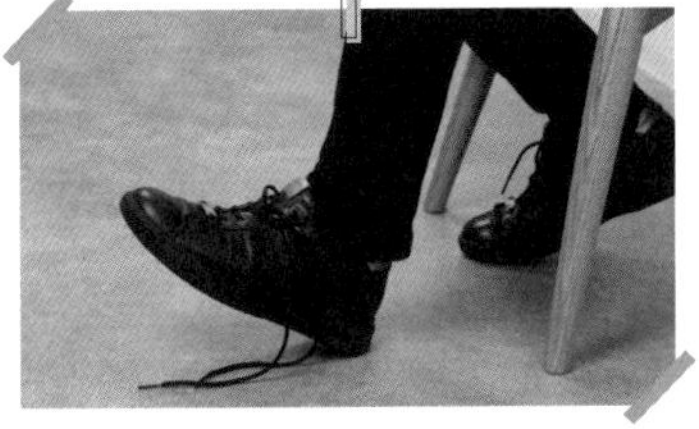

ヒールカウンターを密着させる

靴ひもを解いた状態で、かかとを床にトントンと軽く打ちつけ、ヒールカウンターと密着させる。

2

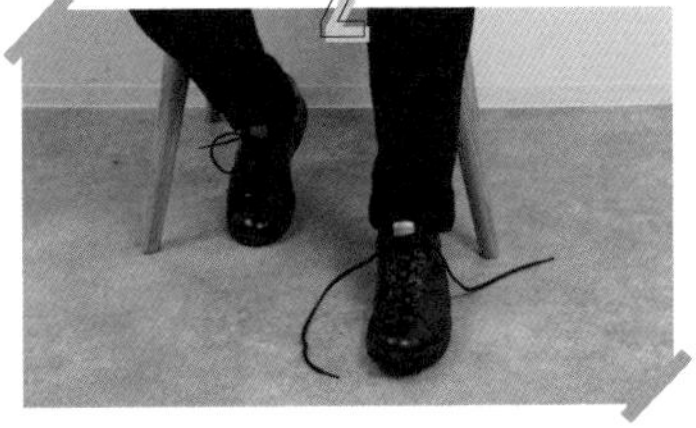

足裏をまっすぐ地面につける

1の状態をキープした状態で、足裏をまっすぐ地面につける。このとき、ひざとつま先の向きがそろっている。

3

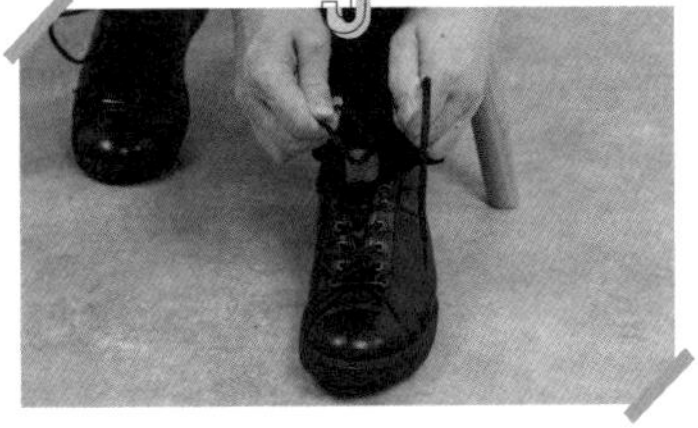

靴ひもを下から順番に締める

下から真ん中までは足にフィットさせ、上の1～2段はきつく締める。定期的に一番下から結びなおすとよい。

4

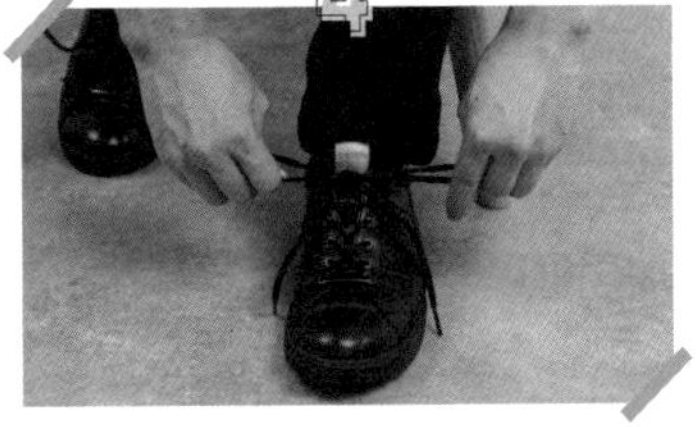

あまったひもをちょう結びにする

あまった分のひもを、ちょう結びにする。反対側も同様に行う。

もっと知りたい！足指ウォークQ&A相談室

Q お腹や足指を使っている感じがしません

A 練習メニューをやりなおしましょう

STEP1からのメニューを順番に、一つひとつの動作を工程通りに丁寧に行うことを心がけましょう。とくに、呼吸や重心移動を伴う種目は、NGな動作に気づかないまま進めてしまう方が多いです。自分の動きをスマホなどで撮影して確認することもひとつの方法です。正しくできているかわからない場合は、「できなかった人の練習メニュー」に戻ってみてください。

Q メニューをやるなら朝と夜どっち？

A いつでもOKですが、おすすめは朝です

いちばんは、ご自身の生活スタイルに合わせて続けやすい時間に行うことですので、いつでもOKです。
ほかには、朝起きたとき、寝姿勢から起き上がりのとき、床に足裏をつける前などのタイミングもおすすめしています。寝ているときのゆがみを朝いちばんに整えることで、快適な体で1日を始めることができます。

Q 忙しくて続けられません…

A ルーティンに組み込みましょう

メニューをルーティンに組み込むことで継続することができます。たとえばお風呂で必ず足指伸ばしをする、トイレに行ったら壁ドンエクササイズをするなど、日常的に行うように習慣づける工夫をしてみましょう。

Q 階段を上るときに気をつけることは？

A 片ひざ立ちから練習をしましょう

歩くよりも高度なテクニックが必要です。片ひざ立ちから勢いを一切使わずに立ち上がり、前ももではなくお尻の筋肉を使う感覚があれば、上手く上れるようになります。始めは「生まれたての小鹿」のイメージです。

Q 毎日どれくらいやればいいですか？

A 集中して行えば、短時間でも OK

本書でご紹介している「足指ウォーク」を身につける過程は、自転車に乗れるようになるための練習と似ています。いつでもどこでも再現できるように集中して練習すれば、短時間でも習得できます。

Q 筋膜リリースなどのケアは必要？

A メニューを習得するとケアの時間は減っていきます

筋膜リリースは、動きを出すきっかけにすぎません。ケアだけを続けても脚やせは期待できませんので、あくまで歩行改善の下準備だと思ってください。体の動きがよくなってきた人は、ケアの時間を減らしても OK です。

木を見て、森を見て、地球を感じる

「木を見て森を見ず」という言葉があります。
細かな部分にとらわれすぎて、物事の全体像を見失ってしまうことを指します。
姿勢や体の使い方について考えるとき、
私たちは一つひとつの骨や筋肉に目を向けやすいですが、
大切なのは、細部も全体も見るために複数の視点を持つことです。

この本では、足や体幹から全身を整え、足指を使って歩くコンディションをつくり、
下半身太りを解消するメニューを解説しました。

Epilogueまで読んでくださったあなたに、
「木を見て、森を見て、地球を感じる」
を体感していただけたら本当にうれしく思います。

動作改善に苦戦している方は、ぜひご自身を動画で撮影して、
客観的に自分の動きを分析してください。

また、最も効率的な方法は、違いのわかるプロに見てもらうことです。
正しくできているか不安な人、より早く確実に結果を出したい人は、
Ｄｅｓｔｙのパーソナルトレーニングやオンラインパーソナルをご利用ください。
我々美脚専門トレーナーが、あなたのお悩みを解決いたします。

最後になりましたが、突然の内容変更にも柔軟に、
そして粘り強く対応してくださった編集担当の渡邊亜希子さん、
Ｄｅｓｔｙの技術顧問として美脚メソッドの開発を進めてくれた内記渓人トレーナー、
そして制作に協力していただいたすべての関係者の皆さまに感謝申し上げます。

昨日よりも今日、今日より明日が何かひとつでもよくなることを目指して、
毎日積み上げていきましょう！

美脚専門パーソナルジムＤｅｓｔｙ代表トレーナー　大道匡彦

大道 匡彦（だいどう・まさひこ）

美脚専門パーソナルジム Desty 代表トレーナー。東京大学農学部卒業。在学時代は茶道部で、運動が苦手で筋肉がつきにくい体質だったコンプレックスから、効率的な筋トレ、ボディメイクの研究に没頭する。女性の「美脚作り」「脚やせ」に役立つストレッチや自重トレーニングを Twitter、YouTube で解説。パーソナルジム KEYFIT で活動後、独立し、美脚専門パーソナルジム Desty（ディスティ）を銀座、中目黒、横浜にオープン。一生モノの美脚を作るオンラインサロン「Desty オンライン」を運営。TV、雑誌など多くのメディアで活動する。著書に『東大卒トレーナーの脚やせ大全』（みすたーだいどー名義、ワニブックス）がある。

Twitter…………@daido_fitness
Instagram ……daido_fitness

美脚専門パーソナルジム Desty
https://desty.jp

STAFF
モデル　菅澤未帆
（Desty 銀座店所属トレーナー）
撮影　渡邊けんいち
デザイン・イラスト　華岡いづみ
校正　株式会社ヴェリタ

頑張らなくても勝手にやせる足指ウォーク
運動しない1日1回の足裏ほぐしでスッキリ！

2023 年 4 月 30 日　初版発行

著　者　大道匡彦
発行人　永田和泉
発行所　株式会社イースト・プレス
〒 101-0051 東京都千代田区神田神保町 2-4-7
久月神田ビル
TEL：03-5213-4700　FAX：03-5213-4701
https://www.eastpress.co.jp
印刷所　中央精版印刷株式会社

ISBN978-4-7816-2188-3